马克思主义简明读本

跨越"卡夫丁峡谷"

丛书主编：韩喜平

本书著者：肖爱民

编 委 会：韩喜平　邵彦敏　吴宏政
　　　　　王为全　罗克全　张中国
　　　　　王　颖　石　英　里光年

吉林出版集团股份有限公司

图书在版编目（CIP）数据

跨越"卡夫丁峡谷" / 肖爱民著. -- 长春：吉林出版集团股份有限公司，2013.9（2019.2重印）
（马克思主义简明读本）

ISBN 978-7-5534-2596-2

Ⅰ.①跨… Ⅱ.①肖… Ⅲ.①社会主义—研究 Ⅳ.①D091.6

中国版本图书馆CIP数据核字(2013)第174599号

跨越"卡夫丁峡谷"
KUAYU EKAFUDING XIAGU

丛书主编：	韩喜平
本书著者：	肖爱民
项目策划：	周海英　耿　宏
项目负责：	周海英　耿　宏　宫志伟
责任编辑：	宫志伟
出　　版：	吉林出版集团股份有限公司
发　　行：	吉林出版集团社科图书有限公司
电　　话：	0431-86012746
印　　刷：	北京一鑫印务有限责任公司
开　　本：	710mm×960mm　1/16
字　　数：	100千字
印　　张：	12
版　　次：	2013年9月第1版
印　　次：	2019年2月第2次印刷
书　　号：	ISBN 978-7-5534-2596-2
定　　价：	29.70元

如发现印装质量问题，影响阅读，请与出版方联系调换。0431-86012746

序　言

　　习近平总书记指出，青年最富有朝气、最富有梦想，青年兴则国家兴，青年强则国家强。青年是民族的未来，"中国梦"是我们的，更是青年一代的，实现中华民族伟大复兴的"中国梦"需要依靠广大青年的不断努力。

　　要提高青年人的理论素养。理论是科学化、系统化、观念化的复杂知识体系，也是认识问题、分析问题、解决问题的思想方法和工作方法。青年正处于世界观、方法论形成的关键时期，特别是在知识爆炸、文化快餐消费盛行的今天，如果能够静下心来学习一点理论知识，对于提高他们分析问题、辨别是非的能力有着很大的帮助。

　　要提高青年人的政治理论素养。青年是祖国的未来，是社会主义的建设者和接班人。党的十八大报告指出，回首近代以来中国波澜壮阔的历史，展望中华民族充满希望的未来，我们得出一个坚定的结论——实现中华民族伟大复兴，必须坚定不移地走中国特色社会主义道路。要建立青年人对中国特色社会主义的道路自信、理论自信、制度自信，就必须要对他们进行马克思主义理论教育,特别是中国特色社会主义理论体系教育。

要提高青年人的创新能力。创新是推动民族进步和社会发展的不竭动力,培养青年人的创新能力是全社会的重要职责。但创新从来都是继承与发展的统一,它需要知识的积淀,需要理论素养的提升。马克思主义理论是人类社会最为重大的理论创新,系统地学习马克思主义理论有助于青年人创新能力的提升。

要培养青年人的远大志向。"一个民族只有拥有那些关注天空的人,这个民族才有希望。如果一个民族只是关心眼下脚下的事情,这个民族是没有未来的。"马克思主义是关注人类自由与解放的理论,是胸怀世界、关注人类的理论,青年人志存高远,奋发有为,应该学会用马克思主义理论武装自己,胸怀世界,关注人类。

正是基于以上几点考虑,我们编写了这套《马克思主义简明读本》系列丛书,以便更全面地展示马克思主义理论基础知识。希望青年朋友们通过学习,能够切实收到成效。

韩喜平

2013年8月

目　录

引　言 / 001

第一章　跨越"卡夫丁峡谷"思想的提出背景 / 004

第一节　跨越"卡夫丁峡谷"设想的形成 / 006

第二节　马克思致查苏利奇的复信 / 012

第三节　跨越"卡夫丁峡谷"思想的内容 / 017

第二章　跨越"卡夫丁峡谷"思想的现实意义 / 024

第一节　跨越"卡夫丁峡谷"思想的内涵 / 024

第二节　跨越"卡夫丁峡谷"思想的意义 / 033

第三节　跨越"卡夫丁峡谷"思想的争论 / 040

第四节　落后国家为什么要跨越资本主义"卡夫丁峡谷" / 047

第三章 落后国家跨越"卡夫丁峡谷"的几次尝试 / 054

第一节 1848年欧洲反对封建专制的资产阶级革命 / 056

第二节 巴黎公社起义 / 064

第三节 俄国革命 / 068

第四章 "中国道路"
——跨越"卡夫丁峡谷"的成功范例 / 073

第一节 什么是"中国道路" / 074

第二节 探寻"中国道路"的两大时期 / 080

第三节 "中国道路"实现"中国梦" / 156

结语 / 185

引　言

"卡夫丁峡谷"典故出自古罗马史。公元前321年,萨姆尼特人在古罗马卡夫丁城附近的卡夫丁峡谷击败了罗马军队,并迫使罗马战俘从峡谷中用长矛架起的形似城门的"牛轭"下通过,借以羞辱战败军队。后来,人们就以"卡夫丁峡谷"来比喻灾难性的历史经历,从此"卡夫丁峡谷"成为"耻辱之谷"的代名词,并可以引申为人们在谋求发展时所遇到的极大的困难和挑战。

关于跨越资本主义"卡夫丁峡谷"的思想,是马克思晚年以俄国为典型代表探讨东方社会发展道路而提出的一个科学设想,即经济文化落后的国家,可以避免资本主义的苦难,并以付出尽量小的代价来缩短现代化的距离。跨越"卡夫丁峡谷"思想是对马克思早年创立的唯物史观的进一步补充、丰富和发展,这一思想尽管已经过去一个多世纪了,但对今天的社会主义实践仍具有重要意义。不管承认与否，马克思的这个思想在20世纪以来的社会发展中得到了历史的回应，在落后国家尤其是贯穿于世界范围的社会主义实践中，它显示了历史逻辑展开的另一方式，成为我们理解今天社会主义发展规律的一个重要的理论支点。

本书在马克思主义原著的观点和理论体系指导之下，历史与逻辑相结合地探讨了跨越"卡夫丁峡谷"思想提出的时代背景，阐明马克思关于跨越"卡夫丁峡谷"的理论内涵及这一思想的实际意义，并引发了关于这一问题一系列的思考，这就是要避免资本主义制度所带来的一切灾难性的挫折。在社会形式上跨越资本主义阶段是必要的，同时也是极其艰巨的。能否实现对资本主义的跨越，发展社会主义，其关键问题之一是如何利用资本主义的文明成果，如何正确对待资本主义。同时本书也从历史的角度，叙述分析了落后国家跨越"卡夫丁峡谷"的几次尝试，并在此基础之上进一步论述跨越"卡夫丁峡谷"与"中国道路"的关系问题。"中国道路"的探索过程是艰难而曲折的，自1840年鸦片战争开始，中国的仁人志士的救亡图存持续开展，直到中国共产党人经过艰苦卓绝的斗争与求索，中国特色的社会主义道路终于逐步确立和形成了。"中国道路"本质上是社会主义道路或社会主义发展模式，是跨越"卡夫丁峡谷"的成功范例，中国特色社会主义理论体系从精神实质上解决了马克思关于跨越"卡夫丁峡谷"并在跨越后如何建设、巩固和发展社会主义制度的问题，丰富了马克思主义关于跨越"卡夫丁峡谷"理论的内容，深化了对人类社会发展规律、社会主义建设规律的认识。"中国道路"是全面建成小康社会、加快推进社会主义现代化、实现中华民族伟大复兴的必由之路。而"中国道路"从来就连接着"中国梦"，"中国梦"本就是"中国道路"题中的应有之义。

第一章　跨越"卡夫丁峡谷"思想的提出背景

"卡夫丁峡谷"这一典故出自古罗马史。公元前321年，萨姆尼特人在古罗马卡夫丁城附近的卡夫丁峡谷击败了罗马军队，并迫使罗马战俘从峡谷中用长矛架起的形似城门的"牛轭"下通过，借以羞辱战败军队。后来，人们就以"卡夫丁峡谷"来比喻灾难性的历史经历，从此"卡夫丁峡谷"成为"耻辱之谷"的代名词，并引申为人们在谋求发展时所遇到的极大的困难和挑战。马克思用"卡夫丁峡谷"一词指代对劳动人民意味着苦难耻辱的资本主义制度。

跨越资本主义"卡夫丁峡谷"的思想，是马克思晚年以俄国为典型代表探讨东方社会发展道路而提出的一个科学设想，即经济文化落后的国家，可以避免资本主义的苦难，并以付出尽量小的代价来缩短现代化的距离。

集中体现马克思跨越资本主义"卡夫丁峡谷"思想的经典文献主要有四篇：一是1877年马克思《给〈祖国纪事〉杂志编辑部的信》，信中写道：我的批评家"一定要把我关于西欧资本主义起源的历史概述彻底变成一般发展道路的历史哲学理论"，"他这样做，会给我过多的荣誉，同时也会给我过多的侮辱"。二是1881年2月下旬至3月8日，马克思为给查苏利奇复信写了四个手稿，其中前三封信都是草稿，最后的正式复信非常简单。关于跨越"卡夫丁峡谷"的记述只出现在草稿中。三是1882年马克思和恩格斯为《共产党宣言》写的俄文版序言，这是他们联合署名为宣言写的最后一版序言。四是1894年恩格斯为《论俄国社会问题》写的跋，重新回顾了这段历史。在这些文献中，提出了俄国在农村公社的基础上吸收资本主义的一切积极成果，可以跨越资本主义的"卡夫丁峡谷"，从而建立起社会主义的著名论断，这一论断及其论证被称为跨越"卡夫丁峡谷"理论，也被称为马克思的"跨越论"思想。

第一节　跨越"卡夫丁峡谷"设想的形成

众所周知,马克思在对人类社会发展的历史考察和逻辑分析的基础上,提出了关于社会发展的五种社会形态依次演进的理论,就是著名的社会发展"五形态说",即人类社会发展的历程在一般情况下,是要经过原始社会—奴隶社会—封建社会—资本主义社会—社会主义社会这五种从低级到高级的社会形态。从世界历史发展的宏观角度来看,它反映了人类社会发展依次递进的常规性和顺序性。正是在此基础上,马克思得出这样一个结论,那就是,社会主义革命应该首先在发达的资本主义国家中发生。原因就在于社会主义是资本主义矛盾发展的产物,资本主义发展得越成熟,就越能为社会主义的生成提供充分条件,从而顺利地完成从旧社会到新社会的转变。所以,我们说马克思的这个论断是符合历史逻辑的。

同时,马克思的这一论断不仅仅是一种逻辑的推断,而且也具有现实的根据。从马克思主义产生一直到19世纪末,社会主义运动的中心确实是在欧洲，特别是在英、法、德等国，资本主义矛盾暴露得比较充分，社会危机不断发生，社会主义政党比较强大和成熟，社会主义在群众中具有广泛的影响和深厚的基础。

而当时的东方还处于这样一种状态：东方国家有一些还没有进入资本主义，有的国家虽然已经有了资本主义因素，但资本主义还没有得到充分的发展。在这样的背景下，势必会出现这样的问题：西欧的资本主义先是经过了野蛮的原始积累，后来在发展过程中陆陆续续地暴露出资本主义所固有的一些矛盾和各种各样的弊端，同时也出现了批判和否定资本主义的社会主义运动。那么在这样的历史条件下，东方国家还要不要重复西欧已经走过的历史老路？换句话说，东方国家的发展是否可以避开资本主义发展的道路，而直接过渡到社会主义呢？

这个问题最早是由俄国的民粹派提出来的，他们提出这个问题，其实并不是根据对历史发展规律的新理解而提出的，而只是出于对俄国农民的现状和前途的同情与担忧，这反映了千百万农民要求既从根本上消灭封建剥削者，又"同时"消灭资本主义新剥削者的幻想。提出这个问题并没有什么理论上的思考，但如果这个问题上升到理论上，就必然涉及如何理解马克思主义唯物史观所揭示的社会发展一般规律的问题。

唯物史观理论所面临的新问题以及东方社会出现的日益高涨的革命热情，促使马克思开始转入对东方革命发展道路问题的研究和探讨。

马克思首先在理论上明确认为，五种社会形态依次演进的理论，其依据是世界历史发展的进程，所概括出来的是关于人类社会发展的一般规律。但是规律只是针对一般的状况，一般只能大致地包括个别，它不可能代替每个民族具体而生动的历史发展过程，他说：如果有人一定要把我关于西欧资本主义起源的历史概述彻底变成一般发展道路的历史哲学理论，一切民族不管他们所处的历史环境如何，都注定要走这条道路，那会给我过多的荣誉，同时也会给我过多的侮辱。马克思还说，使用一般历史哲学理论这一把万能钥匙是永远达不到目的的，这种历史哲学理论的最大长处就在于它是超历史的。

同时，马克思通过对俄国问题的实际考察，也肯定了俄国存在着不走西欧资本主义发展道路的可能性，这一思想最初是在1877年《给〈祖国纪事〉杂志编辑部的信》中所阐述的。1881年俄国宣布废除农奴制度，这意味着俄国即将走上资本主义发展道路，马克思对此评论说：如果俄国继续走它在1861年开始走的道路，那它将失去当时历史所能提供给一个民族的最好的机会，要遭受资本主义制度带来的一切极端不幸的灾难。其中所谓的"当时历史提供的最好的机会"，就是指非资本主义发展的可能性。在1879年至1881年期间，马克思摘录的"人类学笔记"的一个重要主题，就是坚决反对用西方社会的发展道路作为唯一的尺度来衡量东方社会的发展道路，反对把世界历史简单地、机械地挤压到欧洲模式中去。在1881年2月至3月间写给俄国民粹派女革命家查苏利奇的信及信的草稿中，系统阐述了他对东方社会道路的新的看法。

马克思认为，在西欧，从原始公社占有制开始，经历了长期的一系列进化，现在已经发展成为资本主义生产方式，这是西欧各国发展的历史必然性。而现在的俄国是在全国广大范围内把土地公社占有制保存下来的欧洲唯一的国家，那么，它是不是必然要走西欧发展的老路，即消灭公社所有制、从剥夺农民即广大人民群众着手，来确立资本主义生产方式呢？马克思指出，如果俄国是脱离世界而孤立存在的，如果它要靠自己的力量，也就是说完全依赖于自身因素的自然进化，从而取得西欧通过长期的一系列进化才取得的那些经济成就，那么公社也注定会随着俄国社会的发展而灭亡，资本主义前途就是不可避免的。然而，在现代的历史环境中，俄国却完全可能不经历这条道路。原因就在于，资本主义生产建立了世界市场联系，它打破了各个民族自我封闭的孤立发展状态，把各个国家的历史变成了相互作用和相互影响的世界历史。这样，落后国家就有可能而且必须站在世界历史的高度来考虑自己国家的前途命运问题。现代资本主义生产一方面神奇地发展了社会的生产力，但另一方面也表现出它同自己所产生的社会生产力是不相容的，它的历史今后只是对抗、危机、冲突和灾难的历史，它向一切人表明了它的纯粹的暂时性。欧洲和美洲的一些资本主义生产最发达的民族，正力求打碎它的枷锁，以合作生产来代替资本主义生产，以古代类型的所有制最高形式即共产主义所有制来代替资本主义所有制。而俄国公社就属于古代类型的公有制，它与其最高形式即共产主义所有制是相通的，在资本主义建立起世界市场的条件下，俄国有可能在吸收资本主义生产方式一切肯定成果的基础上，不用破坏农村公社当时的发展，更不用改造这种古代形式，从而使其成为直接向共产主义所有制过渡的起点。

马克思最后指出，农村公社的这种发展是符合我们时代历史发展的方向的，因为资本主义生产在最发达的国家遭遇到了致命的危机，这种危机将随着资本主义的消灭，随着现代社会回复到古代类型的最高形式，回复到集体生产和集体占有而结束。

以上，就是马克思通过对俄国问题的解剖而得出的东方社会发展道路的基本思想，概括来说，就是它有可能不通过资本主义制度的"卡夫丁峡谷"，而享有资本主义制度的一切肯定成果。显然，这是对他19世纪50年代形成的社会形态理论的一个重要补充和发展。同样明显的是，马克思这里所提供的，也仅仅是观察东方发展问题的一个新视角和总的方向，如果把马克思关于俄国公社的具体论述绝对化，以为东方国家必定可以避免资本主义，那同样会在观察东方社会发展问题上陷于迷途。

第二节 马克思致查苏利奇的复信

我们要完整、准确地理解马克思所酝酿的资本主义制度的"卡夫丁峡谷"的含义，必须从查苏利奇给马克思的信说起。

1867年《资本论》第1卷正式出版后，当时的社会背景，正是俄国废除了奴隶制，开始向资本主义形态发展的时候，俄国学者和政论家对《资本论》中所提出的一些问题展开了激烈的争论，比如由封建生产方式向资本主义生产方式转变的历史必然性，还有就是俄国农村公社的命运以及俄国社会的发展道路等等问题。

1881年2月16日，俄国的革命民主主义者、民粹派思想家，后来成为俄国最早的马克思主义者之一的查苏利奇致信马克思，指出俄国现在正围绕着农村公社的命运和意义问题进行激烈的争论。一些人认为，只要摆脱政府对农村公社的破坏，俄国可以在农村公社的集体原则的基础上，建设社会主义，越过资本主义阶段；而另一些人则打着马克思的旗号，认为农村公社是旧制度的遗迹，必然灭亡，俄国的资本主义前途不可避免。查苏利奇于是在致信马克思时指出，"要是您肯对我国农村公社可能遭到的各种命运发表自己的观点，要是您肯对那种认为由于历史的必然性，世界上所有国家都必须经过资本主义生产的一切阶段这种理论阐述自己的看法，那么您会给我们多大的帮助啊"。从中可以看出，这封信里面提出的中心问题，实际上就是"对俄国农村公社可能有的命运，以及世界各国是否都必须经过完整的资本主义发展阶段以后，才能进入社会主义社会"这样的一个问题，希望马克思能对此作出说明，从而解决俄国当时的争论。

马克思对此信十分重视，在1881年2月至3月间，马克思致查苏利奇的复信，前后共写了四稿，最后一稿是作为正式复信发出的。在四个复信稿中，马克思关于"卡夫丁峡谷"问题的表述是这样的。

在复信的初稿中，马克思指出，在俄国，"一方面，土地公有制使它有可能直接地、逐步地把小土地个体耕作变为集体耕作，……另一方面，和控制着世界市场的西方生产同时存在，使俄国可以不通过资本主义制度的'卡夫丁峡谷'，而把资本主义制度的一切肯定成就用到公社中来"。马克思同时也分析了俄国的农村公社能否改造成为先进社会起点的两个必备条件，一是经济上改造的需要，二是物质上实现改造的条件，尔后又指出，俄国农村公社"目前处在这样的历史环境中：和它同时并存的资本主义生产在给它提供集体劳动的一切条件。它有可能不通过资本主义制度的'卡夫丁峡谷'，而享用资本主义制度的一切肯定成果"。

马克思一直主要从事的是关于资本主义的起源、发展、弊端以及灭亡的研究，得出了这样的论断，即未来的社会主义只有在资本主义高度发展的基础上才能诞生。而要回答当时以公有制为基础的俄国农村公社的发展方向，对马克思来说，这不能不是一个新的问题。所以在初稿中，从马克思关于"卡夫丁峡谷"的表述可以看出，马克思在这个问题上是十分谨慎的，同时也不是十分确定的。他在初稿中由"可以不通过"到"有可能不通过"的转变，表明马克思对这个问题持有的态度是不完全肯定的。所以，马克思在给查苏利奇的复信初稿中，一开始就表现得十分慎重。

而在复信的第二稿中，马克思指出，俄国公社的情况同西方原始公社的情况完全不同。俄国是在全国广大范围内把土地公社占有制保存下来的欧洲唯一的国家，同时，恰好又处于现代的历史环境和文化较高的时代，和资本主义生产所统治的世界市场联系在一起。"俄国吸取这种生产方式的肯定成果，就有可能发展并改造它的农村公社的古代形式，而不必加以破坏"。

我们可以看到，在复信的第二稿中，马克思并没提跨越资本主义"卡夫丁峡谷"的问题。只是说明了在保存俄国农村公社的前提下，可以利用资本主义生产方式的文明成果来改造农村公社的古代形式。这种由初稿的可以不通过、可能不通过到可以吸取资本主义生产方式的肯定成果，以发展和改造俄国农村公社的进一步思想变化，表明了马克思在是否能够不通过资本主义制度的"卡夫丁峡谷"问题上是时而肯定，时而不确定，时而否定的。说明马克思在一直思考着这个他一时难以确定的问题。

在复信第三稿中，马克思分析了俄国农村公社天生的二重性和可能导致的两种结果，之后指出，"现在，我们暂且不谈俄国公社所遭遇的灾难，只来考察一下它的可能的发展"。它的情况非常特殊，在历史上没有先例。在整个欧洲，只有它是一个巨大的帝国内农村生活中占统治地位的组织形式。"土地公有制赋予它以集体占有的自然基础，而它的历史环境（资本主义生产和它同时存在）又给予它以实现大规模组织起来的合作劳动的现成物质条件。因此，它可以不通过资本主义制度的'卡夫丁峡谷'，而吸取资本主义制度所取得的一切肯定成果"。

在此复信稿中，马克思对能否不通过资本主义制度的"卡夫丁峡谷"又基本上作了"肯定"的回答。但这种肯定是有前提的，即"暂且不谈俄国公社所遭遇的灾难，只来考察一下它的可能的发展"。由于这种"可以不通过"只是一种可能的发展，所以，这种肯定也是不确定的。它展示了马克思在该问题上还没有作出最后的结论。

在正式复信的第四稿中，马克思指出："在《资本论》中所作的分析，既没有提供肯定俄国农村公社有生命力的论据，也没有提供否定农村公社有生命力的论据，但是，我根据自己找到的原始材料对此进行的专门研究使我深信：这种农村公社是俄国社会新生的支点。"

而在复信第四稿，也就是正式复信中，马克思没有提及"可以不通过资本主义制度的'卡夫丁峡谷'"的问题，而只是根据俄国农村公社当时的公有制基础作出了一个论断，即这种农村公社是俄国社会新生的支点。这难道是马克思的疏忽吗？回答是否定的。由于马克思对俄国农村公社的发展方向一开始就认为有两种可能性，"或者是私有原则在公社中战胜集体原则，或者是后者战胜前者"。所以在正式复信中，马克思必然表现出更大的慎重。他所作出的俄国农村公社是社会新生的支点的论断，主要是针对农村公社的土地公有制而言的。而公有制作为社会新生的支点，又是和马克思在《共产党宣言》等其他经典著作中所阐述的社会主义代替资本主义的基本原理是完全一致的。

第三节 跨越"卡夫丁峡谷"思想的内容

我们追根溯源，从马克思致查苏利奇的复信中，我们看到，关于跨越"卡夫丁峡谷"的思想就是在他的复信草稿中提出来的。马克思在复信的草稿中，对俄国特殊的历史条件、俄国农村公社的二重性及其可能的发展道路等问题作了详尽的分析，具体包括以下几个方面的内容。

首先，马克思具体分析了俄国当时的特殊的历史条件。马克思在复信第一稿中对俄国当时的特殊历史条件及其可能的发展道路作了如下的概述，他说："回顾一下遥远的过去，我们发现西欧到处都有不同程度上是古代类型的公社所有制；随着社会的进步，它在各地都不见了。为什么它只是在俄国免于这种遭遇呢？我的回答是：在俄国，由于各种情况的特殊凑合，至今还在全国范围内存在着的农村公社能够逐渐摆脱其原始特征，并直接作为集体生产的因素在全国范围内发展起来。正因为它和资本主义生产是同时代的东西，所以它能够不通过资本主义生产的一切可怕的波折而吸收它的一切肯定的成就"。具体分析一下这段话，从中我们可以看到，除了俄国革命这个重要条件没有论述到之外，马克思关于跨越"卡夫丁峡谷"思想的几个重要的基本观点都已经提到了。在这里，马克思把资本主义产生发展的历史必然性仅限于西欧各国，并且提出了俄国社会跨越资本主义"卡夫丁峡谷"的标志是"能够不通过资本主义生产的一切可怕的波折而吸收它的一切肯定的成就"。

1877年，马克思在《给〈祖国纪事〉杂志编辑部的信》中的时候，就反对别人把他的关于西欧资本主义生产起源的理论变成一种普遍性的理论，并不认为这种理论是适合所有国家和民族发展的，他也并不希望俄国成为一个资本主义国家。1881年，在《给查苏利奇的复信》中则进一步把资本主义产生发展的历史必然性限定于西欧各国，社会历史条件各不相同的各国人民不一定都要走与西欧相同的道路。西欧与俄国的区别，就是自由的小土地所有制与以东方公社为基础的公共土地所有制之间的区别，不同性质的土地所有制结构决定了它们不同的解体过程和发展道路。所以，与西欧各国历史条件不同的俄国，就有可能避免资本主义产生发展的历史必然性的制约，从而跨越资本主义的"卡夫丁峡谷"。

马克思认为俄国跨越资本主义"卡夫丁峡谷"是可能的，他说："俄国为了采用机器、轮船、铁路等，难道一定要像西方那样，先经过一段时间很长的机器生产发展的孕育期么？同时也请他们给我说明：他们怎么能够把西方需要几个世纪的发展才建立起来的一整套交换机构（银行、信用公司等等）一下子就在自己这里建立起来呢？"这就表明，马克思认为，俄国农村公社由于它所处的特殊的国内和国际环境，由于内部条件和外部条件的相互作用导致自身结构的变化，是可以不通过资本主义生产的波折和它很长的工业生产发展阶段。从而跨越资本主义"卡夫丁峡谷"的。

其次，马克思具体分析了俄国农村公社的"二重性"和它的两种发展前途。马克思认为农村公社是原生社会形态的最后形态，所以它同时也是向次生形态过渡的阶段，就是以公有制为基础的社会向以私有制为基础的社会过渡的过程。农村公社在这个过渡过程中，不是只有一种形式，而是有各种各样的复杂形式，不能将一种形式的特征普遍地看作一切农村公社的特征，因为农村公社不是俄国所特有的形式，具体情况应该具体分析。在马克思看来，俄国农村公社中存在公有制和私有制两种制度，在两种制度的基础上，自然就会产生两种相应的社会关系，农村公社具有"二重性"，也就是这两种制度之间的矛盾以及两种社会关系之间的矛盾。

马克思同时也认为，不仅仅有各种外来的破坏性影响，而且农村公社内部本身就有使自己毁灭的因素。但并不是说无论在何种情况下，农村公社的发展必然走向这种结果。马克思说，农业公社的构成形式只能是下面两种情况之一，要么是它所包含的私有制因素战胜集体所有制因素，要么就是后者战胜前者，一切皆取决于它所处的历史环境。两种结局都是可能发生的，但是对于其中任何一种，显然都必须有完全不同的历史环境。农村公社的二重性决定了它双重的发展道路，也正是因为公社发展存在这两种前途，才使俄国公社具备了跨越资本主义"卡夫丁峡谷"的基本条件。

再次，马克思具体分析了俄国农村公社与资本主义生产同时存在的历史环境，认为这种环境能够吸取并有利于发展现代生产力。如果俄国是脱离世界而孤立存在的，如果它要靠自己的力量取得西欧通过长期一系列进化才取得的那些经济成就，那么，农村公社注定会随着俄国社会的发展而灭亡。但是具体分析来看，当时俄国的社会情况和别国不同，在整个欧洲范围内，只有俄国把土地归公社所有，而且俄国当时已经处于资本主义世界市场当中，这就使得俄国能够"吸取这种生产方式的肯定成果，就有可能发展并改造它的农村公社的古代形式，而不必加以破坏"。马克思所说的"这种生产方式"就是资本主义制度下的资本主义生产方式，此处它的观点是俄国公社可以在吸收资本主义的肯定成果的基础上，不用破坏自身的生产方式而进入到社会主义社会，实现对资本主义"卡夫丁峡谷"的跨越。

马克思在考察俄国农村公社的时候，一再强调要吸收资本主义生产方式带来"一切肯定的成果"，马克思所说的这个肯定成果，就是资本主义的先进的现代生产力。马克思的跨越"卡夫丁峡谷"思想也认为，资本主义的先进的生产力是不能跨越的，实现跨越一定要以吸收资本主义的发达的生产力为基础。

最后，马克思认为必须通过俄国革命才能跨越资本主义"卡夫丁峡谷"。俄国公社要想实现跨越，首先必须要为农村公社的进化和发展创造正常的条件，俄国农民习惯于劳动组合关系，这便于它从小土地经济过渡到集体经济。但是，要使集体劳动在农业本身中能够代替小土地劳动这个私人占有的根源，必须具备两样东西：在经济上有这种改造的需要，在物质上有实现这种改造的条件。

马克思从来自俄国的大量实际材料中看出，国家的压迫是俄国公社面临的最主要的因素，"威胁着俄国公社生命的不是历史必然性，不是理论，而是国家的压迫，以及渗入公社内部的，也是由国家靠牺牲农民培养起来的资本家的剥削"。

当时俄国的资产阶级刚刚产生，正在经历初步发展阶段，资产阶级疯狂地剥削农民，再加上国家通过国家机器对农民进行压迫，农村公社已经濒临灭亡了。在仔细分析了当时俄国社会的具体情况之后，马克思提出："要挽救俄国公社，就必须有俄国革命。"而且，马克思认为，俄国要想实现对资本主义"卡夫丁峡谷"的跨越，必须同西方无产阶级革命"双方互相补充"，他说："假如俄国革命将成为西方无产阶级革命的信号而双方互相补充的话，那么现今的俄国土地公共所有制便能成为共产主义发展的起点。"

第二章 跨越"卡夫丁峡谷"思想的现实意义

第一节 跨越"卡夫丁峡谷"思想的内涵

马克思关于跨越资本主义"卡夫丁峡谷"的研究是一个典范，它探索的是社会革命时代社会形态变革的具体路径。在马克思看来，在俄国农村公社的基础上跨越整个资本主义的历史时期，直接向共产主义过渡，这种可能性不是俄国农村公社内部自我发展的结果。马克思强调，俄国农村公社保留到现在，有了一个与其他公社当初存在时完全不同的历史环境。它与世界资本主义并存，因此可以创造新的历史条件来吸收现代西方文明的一切积极成果，在俄国民主革命及时爆发的条件下，在尚未遭受严重破坏的土地集体占有制的基础上，利用西方现成的物质条件，大规模地进行共同劳动，从而整体跨越资本主义制度。

马克思和恩格斯当时提出的跨越条件是很苛刻的：如果俄国发生了革命，那么这个落后的农业大国的民主主义革命将作为信号反馈到发达资本主义国家，并最终引起和导致发达资本主义国家的无产阶级革命，后者革命胜利后，通过无私的援助把资本主义已经创造的优秀成果赠予俄国，这是俄国能跨越资本主义所必须具备的物质基础。关于跨越的彻底性，马克思和恩格斯当时讲，落后国家要跨越"卡夫丁峡谷"，必须"占有资本主义制度所创造的一切积极的成果"；避免"遭受资本主义制度所带来的一切灾难性的波折"；"使它一下子越过整个资本主义时期"。尽管马克思给查苏利奇的正式复信中没有出现"不通过资本主义制度的'卡夫丁峡谷'"这样的文字表述，但在他与恩格斯合著的1882年《共产党宣言》俄文版序言中，仍十分严肃和正式地把上述基本思想完整地表达出来了，马克思的核心思想一直是没变的。通过对马克思《给查苏利奇的复信》草稿的解读，使我们对马克思的跨越"卡夫丁峡谷"思想有了清楚的认识，有助于我们进一步探讨跨越"卡夫丁峡谷"思想的内涵。

通过探究马克思跨越"卡夫丁峡谷"思想的理论源头，解读马克思给俄国女革命家的复信，总结马克思对"卡夫丁峡谷"问题的分析，我们可以这样理解：俄国社会的农村公社具有内在"二重性"，这种二重性又决定了它具有双重发展道路的可能，加上前面我们论述的俄国当时的历史环境，所以，如果俄国无产阶级革命能够与西方无产阶级革命"双方互相补充"，那么俄国完全可以实现对资本主义"卡夫丁峡谷"的跨越，从而进入到社会主义社会。

由此可以确定，马克思的跨越"卡夫丁峡谷"思想具有两方面的内涵：一是避免资本主义原始积累的痛苦阶段，也就是避免资本主义的弊端，实现跨越；二是避免整个资本主义的时代和发达的资本主义民族利用暴力侵略和经济渗透强加给相对落后民族的不适合该民族发展的资本主义道路。可以看出，马克思是站在资本主义世界历史时代的高度提出了跨越"卡夫丁峡谷"思想，他提出跨越的主旨就是，经济文化不发达的民族如何在首先争取民族独立的基础上，避免资本主义制度的弊端，吸收资本主义创造的文明成果，提高生产力水平，真正达到发展自己的目的。

跨越"卡夫丁峡谷"思想的内容十分丰富，包括对跨越的主体、阶段、条件等方面的分析，跨越的条件在前面分析跨越"卡夫丁峡谷"思想的内涵时已经作了介绍，下面主要对跨越"卡夫丁峡谷"思想的主要内容，即跨越的主体和跨越的阶段作简单的论述：

首先，马克思认为跨越的主体包括"制度"和"生产力"两个方面的内容，并且生产力是不可以跨越的。

所谓"制度"的跨越，就是通过西方无产阶级革命的推动，经济文化落后的国家通过暴力革命的形式取得无产阶级革命的胜利，从而可以不经过资本主义的政治制度进入到社会主义社会；所谓"生产力"的跨越，就是在完成对资本主义政治制度的跨越之后，必须吸收资本主义积累起来的"一切积极成果"，即高度发达的社会生产力。马克思认为资本主义的政治和经济制度是可以跨越的，但是生产力发展阶段是不可以跨越的。

马克思在《给查苏利奇的复信》草稿中提到，因为俄国农村公社存在于这样一个历史环境之中，已经同资本主义控制的世界市场联系在了一起,再加上农村公社的二重性所提供的两种可能的发展道路,俄国完全可以实现对资本主义"卡夫丁峡谷"的跨越。马克思认为,在俄国特定的、具体的历史环境和历史条件下,资本主义政治经济制度是可以跨越的,但是必须有这样一个前提条件,就是必须建立在对社会生产关系实行革命变革的基础上,只有这样,才有可能吸收资本主义生产方式带来的发达的生产力。马克思在论述俄国革命的时候,就特别强调俄国革命必须和西方无产阶级革命"双方互相补充",他认为,落后国家为了避免经历资本主义的苦难和弊病,可以在社会形式上跨越资本主义阶段,但对资本主义时期所创造的一切优秀成果却不能忽视或丢弃,而必须充分地加以利用和吸收,这是马克思特别强调的实现跨越的基本前提。具体而言,俄国公社不是独立于世界之外的,它要想跨越资本主义"卡夫丁峡谷"而进入社会主义社会,就必须吸收西方资本主义国家创造的先进的科学技术,大力发展本国的生产力,否则一切都将是空谈。

马克思在发现生产力跨越的重要性之后,同样看到了生产力跨越的艰巨性。正所谓"无论哪一个社会形态,在它所能容纳的全部生产力发挥出来以前，是决不会灭亡的；而新的更高的生产关系，在它的物质存在条件在旧社会的胎胞里成熟以前，是决不会出现的"。正因为这样，马克思强调要积极吸收资本主义的一切文明成果，在等待西方无产阶级革命胜利的过程中，努力地发展本国的生产力，为最终的跨越准备充分的物质基础。其实，从今天来看，马克思有一点是没有充分预料到的，那就是资本主义制度的强大的自我完善和自我修复能力，所以，在全世界范围内的无产阶级革命的胜利还需要走很长一段路。

其实，马克思讲的生产力发展阶段不能跨越，指的是整个人类社会的生产力，这很好理解，当今资本主义国家还是占大多数，既然它们至今还没有进入社会主义社会，那么当时就不可能对整个社会生产力实现跨越。从单个民族的发展来看，由于世界历史的出现，各个民族进入了世界性的相互依存状态，落后国家可以通过向先进国家学习而直接吸取一切先进文明成果，这样就可以避免再经历所谓的资本主义原始积累阶段，也就是说，个别的生产力发展阶段是可能跨越的。

其次，马克思认为跨越的阶段不仅包括对资本主义原始积累阶段的跨越，也包括对资本主义的充分发展阶段的跨越。正常来讲，实现对资本主义的跨越应该包括两个方面：一个是对资本主义原始积累阶段的跨越，另一个是对资本主义的充分发展阶段的跨越。对资本主义原始积累阶段的跨越是针对发达的资本主义国家而言的，这些国家已经经历了资本主义的原始积累，生产力已经是高度发达了。对资本主义的充分发展阶段的跨越是针对资本主义有一定发展的国家而言的，这些国家还没有经历资本主义的原始积累，只是已经存在资本主义的因素或者资本主义有了初步的发展。马克思的跨越"卡夫丁峡谷"理论认为，跨越的阶段不仅包括对资本主义原始积累阶段的跨越，也包括对资本主义的充分发展阶段的跨越。

通过对资本主义内在矛盾的分析，马克思认为资本主义必定灭亡，一定会被共产主义代替的，无产阶级最终将取得革命的胜利，实现完全意义上的"跨越"。像俄国这样的资本主义有了一定发展但是还没有充分展的国家，能否实现对资本主义"卡夫丁峡谷"的跨越呢？马克思在分析了俄国当时的社会历史情况之后，马克思通过对俄国社会情况的研究才提出自己的跨越"卡夫丁峡谷"思想，他认为俄国完全可以跨越资本主义的充分发展阶段。但是必须要有一个重要的基本前提，即以吸收资本主义原始积累带来的高度发达的生产力。在19世纪中期之前，俄国随着资本主义的萌芽和发展，资本主义生产方式开始形成商品经济逐渐取代了自然经济并迅速发展。相应的在政治上，商品经济条件下的新兴资产阶级开始形成，资产阶级的"掘墓人"——俄国的工人阶级也发展到了产业工人阶段，这就意味着资产阶级虽然在形式上减轻了对工人的剥削，但是实质上却是进一步加重了其剥削程度，这会内在地提高工人阶级的斗争要求。到了19世纪80年代，俄国的工业体系已经逐渐形成了。20世纪初期，俄国的资本主义已经进入了"帝国主义阶段"，而且已经有了一定的发展。那么，从随后的十月革命的胜利，我们可以看出，在资本主义已经有了一定发展的国家同样可以实现对资本主义"卡夫丁峡谷"的跨越，即跨越资本主义充分发展阶段。

在马克思和恩格斯看来，无产阶级在夺取革命的胜利后会进入共产主义社会的低级阶段，这个低级阶段在他们看来就是社会主义阶段，也就是说，在跨越资本主义"卡夫丁峡谷"之后无产阶级要建立社会主义，从而进入共产主义的初级阶段。马克思在《共产党宣言》（俄文版序言）中说："那么，试问俄国公社，这一固然已经大遭破坏的原始土地公共占有制形式，是否能够直接过渡到高级的共产主义的公共占有制形式呢？或者相反，它还须先经历西方的历史发展所经历的那个瓦解过程呢？"在这里，虽然马克思使用了选择性的疑问，但是在这个时期马克思的跨越"卡夫丁峡谷"思想已经提出并且已经达到成熟了，马克思在给查苏利奇的复信草稿中已经论述过了，所以马克思已经认为俄国可以不通过资本主义的"卡夫丁峡谷"而进入到社会主义社会了。也就是说，在马克思看来，当实现了进入到共产主义的初级阶段——社会主义之后，俄国就成功地跨越了资本主义的"卡夫丁峡谷"，从这一方面看，"跨越"的阶段也应该是资本主义的整个发展阶段。综上所述，从马克思的表述中我们可以看出，马克思跨越"卡夫丁峡谷"思想的跨越阶段是资本主义的整个发展阶段，即包括资本主义原始积累阶段和资本主义充分发展阶段。

这一思想的具体内容表现为：第一，资本主义制度是一把双刃剑，它既为人类创造了巨大的成就，又给人类带来了深重的灾难。对于成就，人类应该共享；对于灾难，人类应该避免。第二，在先进的资本主义国家已经取得了巨大成就的情况下，落后的国家只要具备一定的条件就可以不通过资本主义制度，不遭受资本主义制度下的种种灾难，而吸取资本主义制度所取得的一切肯定成果。第三，落后国家在不经历资本主义制度的灾难而吸取了资本主义制度的先进成果之后，可以大大缩短自己向社会主义社会发展的过程。

第二节 跨越"卡夫丁峡谷"思想的意义

跨越"卡夫丁峡谷"思想是马克思晚年以俄国为典型代表探讨东方社会发展道路而提出的一个科学设想，这一思想具有深刻的理论意义。

首先，跨越"卡夫丁峡谷"思想是对马克思早年创立的唯物史观进一步的补充、丰富和发展。马克思在研究俄国问题时，看到东西方的社会结构和所处的历史环境有很大的不同，而且他们的发展也各具特色，因此，不能用一个统一模式来看待社会发展问题。俄国的社会发展将会走出一条不同于西方社会的发展道路。在这种情况下，作为一般社会发展理论的历史唯物主义就必须具体问题具体分析，从对矛盾特殊性的把握中来寻求社会发展的普遍规律。也就是说，我们就不能教条主义地来理解历史唯物主义的普遍意义，而是应该将历史唯物主义作为社会发展理论的科学的世界观和方法论。马克思的跨越"卡夫丁峡谷"思想就是用这种科学的世界观和方法论来研究具体社会问题的光辉典范。马克思要求我们注意，"如果把这些演变中的每一个都分别加以研究，然后再把它们加以比较，我们就会很容易地找到理解这种现象的钥匙。但是，使用一般历史哲学理论这一把万能钥匙，那是永远达不到这种目的的，这种历史哲学理论的最大长处就在于它是超历史的。"这就是说，承认社会发展问题上的特殊性，确认东方社会发展的独特道路的可能性，不仅没有违背历史唯物主义，而且是历史唯物主义精神的集中体现。跨越"卡夫丁峡谷"思想不仅没有否定历史唯物主义作为一般社会发展理论的意义和价值，而且是历史唯物主义社会发展理论的进一步深化和发展。

其次，跨越"卡夫丁峡谷"思想是马克思在唯物史观基础上的理论创新。马克思通过艰苦的理论探索认识到，他以往运用世界历史方法所规划的五种社会形态依次演进理论作为人类社会形态的演进规律，无疑是正确的。但这并不排除各个国家、民族历史发展进程中的偶然性、个别性和具体性，而是建立在特殊性之上，并通过它来为自己开辟道路并实现自身的发展。一般的社会演进规律不能代替每个国家、民族具体而生动的历史发展进程，也不是凝固化的"五阶段"论，更不带有神秘的目的论色彩，而是取决于每一个国家、民族的具体历史环境，否则就会陷入历史宿命论，也体现不出人类社会历史发展的生动性、复杂性和矛盾性。同时，各个国家、民族社会历史的发展不能脱离人类社会形态演进规律的制约，这种人类社会历史的辩证发展，既呈现出普遍规律性，又呈现出绚丽多姿的完整的发展因果。所以，马克思坚决反对把他的五种社会形态依次演进的理论，当作是"超历史"的"历史哲学理论"，然后用这一模式框架强制特殊，代替特殊和最后牺牲特殊。马克思晚年的跨越"卡夫丁峡谷"思想实质上不是对五种社会形态依次演进理论的否定，而是进一步揭示了它的辩证实质，是对它的补充和认识的深化，也是马克思在面对新情况、解决新问题的过程中，敢于进行理论创新的光辉典范。马克思的跨越"卡夫丁峡谷"思想是对他早年理论的一次巨大的超越和深化。

马克思说:"社会经济形态的发展是一种自然历史过程"。所谓自然历史发展与社会历史的发展一样,就是指物质运动的存在、发展和更替,不以人们的意志为转移的、必然的、合乎客观规律的历史过程。马克思关于跨越"卡夫丁峡谷"直接进入社会主义的设想,突破了西方发达资本主义国家递进式的一般社会主义历史进程,开拓了东方落后国家跨越式发展的特殊社会主义历史进程。这是马克思唯物史观视野的巨大拓展和对人类社会发展规律认识的不断深化。列宁在《论我国革命》一文中,以十月革命的成功经验进一步阐述了马克思主义关于不发达国家能否建立和建设社会主义这一重大而迫切的理论和实践问题。他批判了苏汉诺夫之流机会主义的"学究气"、"对过去的盲目模仿",列宁认为,马克思主义的革命辩证法是最有决定意义的东西。马克思认为在革命时期要有巨大的灵活性和丰富性,在经济落后的东方国家建立社会主义,生产力要有一定的发展,但这可以"首先用革命手段取得达到这个一定水平的前提,然后在工农联盟和苏维埃制度的基础上赶上别国人民"。通常的历史顺序是允许或可能有这类改变的，也就是首先在落后国家"为这种文明创造前提"，"然后开始走向社会主义"。"在东方那些人口无比众多，社会情况无比复杂的国家里，今后的革命无疑会给俄国革命带有更多的特殊性"。中国共产党领导新民主主义革命取得胜利，使中国从半殖民地半封建社会跨越"卡夫丁峡谷"，经由新民主主义进入社会主义社会，并且成功开辟中国特色社会主义道路，证明中国特色社会主义革命和建设符合世界历史发展的客观规律。

最后，跨越"卡夫丁峡谷"思想提供了东方落后国家革命的科学理论依据。十月革命前的俄国，从19世纪70年代的前资本主义发展成为封建军事帝国主义，俄国农村公社已经遭到大量破坏，资本主义虽有一定的发展，但它仍是东方落后国家的一个农业国。俄国虽然没有马克思预想的跨越"卡夫丁峡谷"，但是俄国十月革命在总体上还是使俄国跨越了西方发达资本主义的发展阶段；俄国十月革命虽然并未出现与西方资本主义国家的无产阶级革命形成"相互补充"的局面，但俄国利用第一次世界大战造就的革命形势，先于西方发达资本主义国家爆发革命，并在世界上首先建立了社会主义国家；马克思关于"吸收资本主义一切的肯定成果"的思想，对十月革命后的俄国具有指导作用。列宁不仅在实践上实行新经济政策，利用资本主义的肯定成果，发展社会主义，而且在理论上坚持和发展了马克思的跨越"卡夫丁峡谷"理论，形成了帝国主义和无产阶级革命时代殖民地、半殖民地国家无产阶级革命的战略和策略。

在马克思的跨越"卡夫丁峡谷"理论的指导下，在十月革命的感召下，中国和其他落后国家革命先后取得了成功的经验，充分证明了马克思"卡夫丁峡谷"理论的正确性。跨越"卡夫丁峡谷"，不仅为我们提供了观察问题的新视角，更重要的是对后来率先走上社会主义道路的俄国和中国有重大的借鉴意义。马克思当时研究的俄国情况与后来的俄国和中国有许多相似之处：第一，和西欧资本主义相比都是处于相对落后的状态，迫切需要发展生产力，迫切需要资本主义的资金、技术和管理经验。第二，和资本主义同时并存，而且现在又出现了经济全球化这样的有利国际环境。中国的改革开放政策，引进外资，扩大同西方各国的经贸往来，其意义也正在于此。苏联解体、东欧剧变以后，社会主义国家还有五个，社会主义和资本主义相比，无论从数量上还是从社会发展方面都处弱势。因此，如何充分利用资本主义积极成果，如何从马克思主义的理论宝库中吸取营养，如何建设好有中国特色的社会主义，不仅实现政治制度上的跨越，而且实现社会发展方面的跨越，就成为我们今后关注的重要问题。

但是，跨越"卡夫丁峡谷"思想在19世纪90年代已经由恩格斯宣布失去了实践意义。当时恩格斯根据俄国经济社会的最新发展状况判断，俄国必然要经历资本主义阶段，只不过西方无产阶级的胜利可以缩短俄国资本主义的历程。这一观点在他解释自己重印《论俄国的社会问题》并写了详细跋的原因时，有着清楚的表达："人们坚持要我重印'论俄国的社会问题'这篇文章，这种情况使我不得不试图从对俄国当前经济状况的历史比较研究中得出某些结论，作为对这篇旧文章的补充。虽然这些结论没有无条件地给俄国公社许诺伟大的未来，但是，在另一方面，它们还是试图论证了这样一个观点，即西方资本主义社会日益临近的死亡，也将使俄国有可能大大缩短它现在已必然要经过的资本主义阶段的行程"。由此看来，马克思、恩格斯关于俄国跨越"卡夫丁峡谷"思想仅仅是一种停留在理论分析层面上的设想，并没有在实践中得以实现。尽管如此，在我国改革开放发展的今天，这一思想仍然具有重要的理论与实践意义。因为我国的社会主义是建立在半殖民地半封建社会基础上的，在建国后，我国经过了短暂的国家资本主义后就建立了社会主义制度，无论在生产力还是在政治制度上，我国均不是建立在发达资本主义的基础上，即使发展到今天，我国的生产力水平仍然比较落后，处于社会主义初级阶段。但是，我国毕竟没有经过充分的资本主义发展，而是进入社会主义初级阶段，这实际上也是一种跨越。而且这一思想中所包含的"避免遭受资本主义制度所带来的一切极端不幸的灾难"的观点对中国当前的经济建设具有重要的启示意义。它告诉我们一定要转变经济发展方式，避免重走资本主义工业化的老路而遭受不幸和灾难。

第三节 跨越"卡夫丁峡谷"思想的争论

马克思跨越"卡夫丁峡谷"的思想提出之后，他也明确地说明了俄国跨越"卡夫丁峡谷"的条件是很苛刻的：如果俄国发生了革命，那么这个落后的农业大国的民主主义革命将作为信号反馈到发达资本主义国家，引起和导致发达资本主义国家的无产阶级革命，后者革命胜利后，通过无私的援助把资本主义已经创造的优秀成果赠予俄国，这是俄国能跨越资本主义所必须具备的物质基础。

这是针对当时的情况而言的，但是时势发生了一些变化，而民粹派始终坚持这样的观点，即俄国不需要经过资本主义阶段，俄国的公社就是社会主义的起点。这个观点同马克思的思想是相吻合的。

但是，在列宁活动的时期，俄国情况已经发生了进一步的变化：俄国农村公社已经趋于瓦解，资本主义成分不断增长；不是俄国是否应该跨过资本主义发展阶段，而是俄国已经走上了资本主义道路。在这种情况下，跨越"卡夫丁峡谷"问题实际上已经转化成为如下的问题：由于农村公社的瓦解和资本主义的发展，已经不可能从农村公社直接过渡到社会主义，但是俄国资本主义还没有充分发展，那么有没有可能在不充分发展的条件下走向社会主义，还是必须经历一个资本主义充分发展的阶段？列宁同民粹派的斗争，体现了东方发展道路问题的深化。那么列宁反对民粹派,并不是意味着列宁不接受或抛弃了马克思关于跨越"卡夫丁峡谷"的思想,这成为列宁同自由派资产阶级以及第二国际机会主义斗争的焦点。

这个问题,在俄国社会民主工党领导的民主革命实践中,主要是以"两种策略"的形式表现出来的。反对派主张通过资产阶级民主革命实现社会主义的前途。到十月社会主义革命前后,问题又以更为明确的尖锐的形式提了出来:在经济文化比较落后的俄国,究竟有没有资格搞社会主义?反对派分子诺根在1917年党的四月代表会议上发言说,社会主义革命的太阳从什么地方升起呢?我认为,根据一切条件,根据文化生活水平,社会主义革命的发动权不属于我们,社会主义革命的推动必须从西方来。1923年1月,列宁看到苏汉诺夫在札记中说什么"我们还没有成长到实现社会主义的地步","还没有实现社会主义的客观的经济前提",以此来否定十月革命,遂抱病写下了《论我国革命》一文。列宁指出,他们只看到了西欧资本主义发展这条固定道路,而不相信世界历史发展的一般规律并不排斥个别发展阶段在发展形式或顺序上表现出特殊性。现在是丢掉那种认为这本教科书规定了今后世界历史发展的一切形式的想法的时候了。列宁的意思是说，俄国虽然比较落后，但不必等资本主义充分发展之后再去搞社会主义，而是可以先建立起社会主义制度，然后在这个基础上追上别国的人民。这是列宁对"五形态说"所作的"某些修正"，但这种改正在总的格局上并未超出"五形态说"，因为俄国虽然落后，但是在社会性质上已经属于资本主义范畴。列宁在《论我国革命》等文章中，对这些问题的回答和解决，实际上是"跨越"思想的深入和继续。

中国的问题就更加复杂了，尽管中国的资本主义也有了一定的发展，但尚未进入资本主义发展阶段，在总的社会性质上属于半殖民地半封建国家。这样的国家能不能搞社会主义，一开始就必然引起激烈的争论。1920年，张东荪发表了《由内地旅行而得之又一教训》等时评，由此引发了中国思想界一场关于社会主义的论争。张东荪提出，中国的当务之急是开发实业，增加富力，而不是宣传社会主义，更不是进行社会主义运动。因为中国唯一病症就是贫乏，中国真是穷到极点了。中国现在没有谈论什么主义的资格，没有采取什么主义的余地，因为中国处处都不够，其他社会主义的反对者也认为，社会主只适合于"近世欧美的大工业制度",而不适合于中国的情况,中国尚处于"农业时代",离社会主义革命的发生还相距甚远。

而社会主义拥护者则认为,争论的问题不在于要不要发展生产力,增加富力,开发实业,因为这是社会主义者也主张的。问题在于用什么方法,即建立什么样的生产关系,在什么样的社会制度下面发展生产力。他们认为,要使中国多数人能够过着人的生活,确实要增进物质文明,但是如果只增进物质文明,而没有用适当的方法去进行生产资料和生活资料的分配,让多数人享受到物质文明的成果,那么结果很可能就是物质文明还是由少数人占有和垄断,而大多数人仍无法过着人的生活。欧美及日本的资本主义发展已经充分暴露出这种弊病。中国要趁资本主义还不发达的时候,避免这种前途和弊病,使多数人过着人的生活,这只有主张社会主义才能实现。应当说,早期马克思主义者坚持社会主义的原则和立场是正确的。中国人所以接受马克思主义,中国共产党的纲领和奋斗目标,正是要在中国实现社会主义。但是由于当时还没有认识到中国革命必须分两步走,只有经过新民主主义过渡阶段然后才能进入社会主义，因而还不能从理论上透彻说明落后国家实现社会主义的历史必然性以及怎样才能实现社会主义的问题。后来，经过中国革命实践的探索，毛泽东提出了新民主主义论，阐明了社会主义和中国实际相结合的道路，才从根本上解决了社会主义是否适合中国国情的问题。新民主主义的基本内容之一，是既不消灭资本主义，也不是自由地发展资本主义，而是把资本主义发展纳入到无产阶级领导的轨道之内，利用它发展经济的长处，又限制它导致的弊病。这样，就有利于说明和解决从半封建社会向社会主义社会的过渡问题，而不至于把社会主义看成从半封建社会中直接产生出来的。从社会发展"五形态说"的角度看，中国也并不是完全超越了资本主义发展阶段，而是采取了一种特殊的形式来解决资本主义的发展问题。

然而争论仍然没有结束。新民主主义需要持续多长时间？是短暂的还是长期的？需要发展到何种程度才能向社会主义转变？新中国成立后，特别是生产资料私有的社会主义改造基本完成之后，上述问题一下以公开的或隐蔽的形式存在着，并且表现在党内外思想上、政治上和政策上的分歧之中，而所有问题和争论都没有离开社会主义发生在落后国家这个总根源。为此，1959年至1960年，毛泽东在读苏联《政治经济学（教科书）》的谈话中，又老话重提：革命为什么不首先在西方那些资本主义生产水平高、无产阶级人数很多的国家成功，而首先在东方那些资本主义生产水平低，无产阶级人数比较少的国家成功，例如俄国和中国，这个问题要好好研究。但在当时的历史情况下，这个问题很难展开充分的讨论。

粉碎"四人帮"、结束"文化大革命"以后，积蓄已久的分歧又重新爆发出来。少数人公开主张，要落后的、资本主义不发达的国家搞社会主义，只能是"农业社会主义"、"空想社会主义"，要想从根本上解决中国社会的矛盾、弊端和发展问题，必须重新经历资本主义道路。大多数人则力图站在马克思主义的立场上，从世界历史同中国革命的关联出发，阐明中国社会主义的根据、必然性、特点、不足等，以对历史的正确理解为基础去观察和解决现实问题。关于"五形态说"、"三阶段说"、"卡夫丁峡谷"等问题的讨论，正是在这样的背景下发生的，表面上看似乎是哲学争论，实际上却蕴含和概括中国历史和现实的丰富内容。

第四节　落后国家为什么要跨越资本主义"卡夫丁峡谷"

马克思当时的主要思想是为了避免"遭受资本主义制度所带来的一切极端不幸的灾难",以便"能够不通过资本主义生产的一切可怕的波折而吸收它的一切肯定的成果"。邓小平在视察南方谈话中指出："社会主义的本质,是解放生产力,发展生产力,消灭剥削,消除两极分化,最终达到共同富裕。"这段话言简意赅地揭示了走社会主义道路的优越性。把这两段话联系起来,正好表达了落后国家的马克思主义者主张不走资本主义道路而坚持社会主义道路的基本思路。

第一,在社会发展阶段上,避免资本主义剥削和两极分化的道路。西方资本主义迅速提高了生产力,急剧地增加了社会财富,这是东方人普遍看到并且承认的;但这种发展以资本主义的残酷剥削和掠夺为前提,以社会财富和权力积聚在少数人手中,形成了贫富悬殊和两极分化为后果,这却又引起东方人的深深忧虑。

中国早期马克思主义者在关于社会主义论战中的主张，正是表达了这种想法。1924年，孙中山领导的有共产党人参加的国民党第一次全国代表大会通过了一个著名的宣言，宣言中说："近世各国所谓民权制度，往往被资产阶级所专有，适成为压迫平民之工具。若国民党之民权主义，则为一般平民所共有，非少数人所得而私也。"毛泽东指出，除了谁领导谁这个问题以外，这个政治纲领中所说的民权主义，和中国共产党主张的新民主主义是相符合的。可见，落后国家的革命者在寻找一条不同于西方资本主义的发展道路时，着眼点首先是放在谋求大多数人的基本生活保证和社会平等权利上。在社会主义建立以后的发展过程中，虽然遇到很多困难和挫折，但所以不去回头走资本主义道路，其基本考虑也在于此。

第二，在社会主义制度下解放和发展生产力。落后国家与发达国家在生产力和社会财富方面的差距是巨大的，如果按传统道路和传统方式跟在后面追赶，根据"马太效应"和"齿轮效应"，其差距只能越来越大。同时，资本主义生产由于生产方式的固有矛盾和弊病，也不断遭到"可怕的波折"。因此，落后国家的革命者力图找到和建立一种新的社会形式来解决生产力的发展问题。列宁针对"俄国生产力还没有发展到足以实现社会主义的水平"的观点指出："我们为什么不能首先用革命手段取得达到这个一定水平的前提，然后在工农政权和苏维埃制度的基础上追上别国的人民呢？"毛泽东也用社会主义制度建立之后促进生产力巨大发展的事实，说明"只有社会主义才能救中国"的道理。当然，后来社会主义的发展也出现了重大的曲折和失误，这主要是由体制的弊病造成的，可以通过社会主义自身的改革加以解决。改革的目的，是为了建立一种更有效地解放和发展生产力的新体制，使社会主义制度所蕴涵着的合理性最大限度地解放出来。可见，"跨越"的必要性涉及落后国家为什么要搞社会主义，坚持社会主义以及社会主义究竟有没有优越性，涉及落后国家的革命者和千百万劳动人民流血牺牲争取社会主义究竟有什么意义和价值。由于苏联、东欧的变化及中国改革、建设中遇到的矛盾和问题，不少人对上述问题产生疑虑和动摇，因此，尽管"跨越"已成历史事实，对于"跨越"的必要性的理论研究和论证仍是十分必要的。

然而，落后国家不经过资本主义而搞社会主义，又面临着特殊的艰巨和困难。列宁在十月革命后深深感受到这一点，反复指出："每一个认真考虑过欧洲社会主义革命的经济前提的人都不会不了解，在欧洲发动革命是无比困难的，而在我国却十分容易，但是要把革命继续下去，在我国却比在欧洲困难得多。"毛泽东把中国革命和建设面临的困难概括为"一穷二白"，造成这种困难的基本原因是资本主义发展不足。从历史发展的继承性和连续性来看，前一社会积累起来的生产力和社会文明是后一社会得以进一步发展的基础。资本主义发展越充分，越会为社会主义的生成和发展提供充分的条件。落后国家的"跨越"虽然可以避开资本主义发展过程中的某些苦难和弊病，但同时也没有收获到资本主义发展的积极成果，造成发展基础上的先天不足，从而影响和制约了以后的发展。资本主义的不发展，意味着大工业生产力和商品经济发展程度低，这不但影响到后来社会的物质技术基础，而且影响到广大群众的民主素质和科学文化素质。而且资本主义不发展，也意味着对几千年封建传统缺乏强有力的破坏和冲击，留给后来社会的封建主义残余和影响较多、较重，从而增加了后来社会发展的困难。对落后国家的"跨越"所带来的矛盾和问题，是不容忽视、不应回避的。虽然落后国家跨越资本主义之后遇到了巨大的困难，却不应当由此否认跨越的必要性。我国几十年来社会主义事业能在克服重重困难中不断发展和进步，并在各方面取得巨大成就，已充分证明了这一点。只有认清这个问题，才有利于坚定走社会主义道路的信心。

但是落后国家为了避免经历资本主义的苦难和弊病，可以在社会形式上跨越资本主义阶段，可是对资本主义时期所创造的一切优秀成果却不能忽视或丢弃，而必须充分地加以利用和吸收。这是马克思特别强调的实现跨越的基本前提。落后国家进入社会主义以后的历史证明，能否正确对待资本主义，是关系到社会主义能否发展和巩固的一个关键问题。

十月革命胜利后，列宁曾反复指出，在小生产的基础上不能直接过渡到社会主义，必须采取特殊的方法和迂回的道路，特别是要利用资本主义。他说："我们应该利用资本主义（特别是要把它引导到国家资本主义的轨道上去）作为小生产和社会主义之间的中间环节，作为提高生产力的手段、途径、方法和方式。"对于利用资本主义不能不受资本主义的剥削一事，列宁称之为社会主义给资本主义交纳的"贡赋"。在中国，马克思主义者也认识到从半殖民地半封建社会不能直接跨入社主义，而需要一个过渡阶段和中间环节，为此，毛泽东创造性地提出了新民主主义理论。

毛泽东明确肯定了新民主主义不是消灭资本主义而是发展资本主义，他认为新民主主义的资本主义将来很有用，它的性质是帮助社会主义的，这说明，东方落后国家的马克思主义者在考虑跨越问题时，根据对唯物史观理论和历史发展逻辑的深刻理解，都意识到利用资本主义的必要性和不可避免性。

然而，列宁和毛泽东的论述都是在生产资料所有制的社会主义改造之前，多种经济成分并存的条件下作出的。社会主义制度建立以后，还要不要利用资本主义？从苏联开始，几乎所有社会主义国家都一概把资本主义当作绝对不相容的对立物加以否定和排斥，结果反而阻滞了社会主义的发展并带来一系列重大的挫折和失误。中国从十一届三中全会以来重新清醒地认识了这个问题，大胆地实行改革开放，使社会主义由于吸收和利用了资本主义因素而更具有蓬勃的生机和活力。

对于社会主义条件下利用资本主义的原则、方式、限度等问题，也必须有清醒的认识。列宁在谈到利用资本主义时，指出：在一定的贸易自由基础上，会使小资产阶级和资本主义复活。但是，能不能在一定的程度上给小农以贸易自由，资本主义自由，而不至于因此破坏无产阶级政权的根基呢？他回答说："能够，因为问题只是在于分寸。"毛泽东所说的新民主主义的资本主义也不是自由发展资本主义，而是指纳入到无产阶级领导和社会主义因素制约轨道中的资本主义。只要我们坚持正确对待和利用资本主义的原则，把资本主义纳入社会主义国家管理和约束的轨道，保持社会主义公有制的主导地位，那就不会动摇社会主义的根基。正如邓小平在视察南方谈话中所说，总体上看，危险不大，因为我们有优势，社会主义掌握国家的经济命脉，更重要的是国家政权在我们手里。也可以说，在社会主义条件下利用和发展资本主义，虽然也会出现一些问题和弊病，但总的说来，是其利大于弊。由此可见，跨越"卡夫丁峡谷"思想实际上贯穿于社会主义发展的全过程，是理解社会主义发展规律的一个关键问题。它又是20世纪以来出现的一个重大的世界历史现象，体现着当代世界人们在发展观念上的新变化。因此，对跨越问题的深入研究与拓展，不仅会加深对中国社会主义的理解，加深对当代世界发展趋势的理解，而且必然会以其新的认识成果，丰富和发展历史唯物主义理论。

第三章　落后国家跨越"卡夫丁峡谷"的几次尝试

列宁说，世界发展的一般规律，不仅丝毫不排斥个别发展阶段在发展的形式或顺序上表现出特殊性，反而是以此为前提的。这句话是人们在解释社会主义发生于落后国家的根据时常常引用的。但是在如何用这句话解释问题时又往往会出现一些分歧。我们认为，首先，对社会主义发生于落后国家的现象，不能解释成是脱离一般规律的例外情况。由于物质世界的复杂性，规律只能大致地包括个别，脱离规律的例外总是有的。在人类社会发展过程中，也会出现个别民族脱离历史轨道的例外情况。但是社会主义发生于落后国家，并不是一国现象，而是多国现象，它本身是帝国主义时代一种规律性的表现。并且，当今世界众多的第三世界国家中，不少国家今后仍有可能在落后的状态下进入社会主义。所以不能简单地用例外来解释。其次，对社会主义发生于落后国家的现象，也不能简单地解释成"超越"。所谓"超越"，如果是落后国家已经有了资本主义因素（还不充分），但可以不经过资本主义的独立发展阶段，不经过资产阶级统治的资本主义社会，而进入社会主义，那么这种解释是合理的。但如果是说，落后国家根本不存在资本主义的因素及其一定的发展，就可以直接从封建农业社会跳跃到社会主义社会，那就违背了历史事实。合理的解释是：落后国家产生社会主义，并没有背离世界历史发展的总规律，只是在个别发展阶段上表现出特殊性，主要是没有资本主义的充分发展或没有经历独立的资本主义社会形态。因此，问题集中在，资本主义没有充分发展的国家，究竟能不能产生社会主义。

一个国家发生社会性的革命，是多种因素综合作用的结果。社会主义革命在落后国家中的发生、发展和胜利，也是经济的和政治的、思想的和文化的、现实的和历史的、国内的和国际的、客观和主观的诸多条件共同作用的结果。也就是说，社会主义革命是在经济力量的基础上各种社会力量综合作用的结果，不能把这种革命过程设想为一种纯粹的经济过程。

在1848年欧洲资产阶级革命爆发的前夜，《共产党宣言》

就明确提出了"资产阶级革命只能是无产阶级革命的直接序幕"的光辉论断。从这一意义上说，1848年欧洲反对封建专制的资产阶级革命，也可视为无产阶级及被压迫人民跨越资本主义制度"卡夫丁峡谷"的第一次社会革命的尝试。1870年法国产业革命基本完成，标志着资本主义制度在法国的确立，资产阶级正处在上升阶段，1871年巴黎公社武装起义是无产阶级推翻资产阶级统治的第一次总演习，更可视为在广义上试图跨越资本主义制度"卡夫丁峡谷"的又一次伟大尝试。只是在20世纪进入了帝国主义和无产阶级革命的时代，随着帝国主义国家之间瓜分世界领土战争的全面爆发，在其全球统治国际链条的薄弱环节和焦点地区，资本主义不发达或很不发达的农业国通过如俄国十月革命和中国新民主主义革命的胜利，终于摧毁了跨越"卡夫丁峡谷"的最大障碍，先后诞生了一批不发达的社会主义国家。

第一节　1848年欧洲反对封建专制的资产阶级革命

1848年1月，欧洲革命首先爆发于意大利，接着法国爆发了二月革命。为了推翻封建统治，实现国家统一，奥地利首都维也纳和普鲁士首都柏林在3月先后爆发了革命。在维也纳革命的影响下，匈牙利、捷克和罗马尼亚发生了要求民族独立的运动，革命烈火遍及欧洲。在1848年欧洲革命当中，以法国革命的影响最大。

1830年七月革命以后建立起来的"七月王朝"，主要代表金融资产阶级的利益。随着三四十年代法国工业的发展，社会的各种矛盾不仅反映出无产阶级跟资产阶级的斗争日益扩大和尖锐，而且反映在资产阶级内部也存在着冲突——工业资产阶级不满金融资产阶级的大权在握。同时，小资产阶级对于七月王朝的统治也深怀不满，他们要求普选，要求共和国。

1848年2月22日，巴黎的工人、学生和平民走上街头进行示威游行，并演变成武装起义。起义军迅速控制巴黎，国王路易·菲利普逃往英国，七月王朝覆灭。资产阶级分子占据了新成立的临时政府的一切要职。在工人的强大压力下，临时政府宣布法国为共和国，即法兰西第二共和国。资产阶级十分害怕无产阶级，他们对工人进行欺骗。资产阶级一方面进行欺骗，另一方面聚积反革命力量，然后残酷镇压了巴黎工人六月起义。在六月起义中，无产阶级表现了英勇无比的牺牲精神，显示出无产阶级是唯一彻底的革命阶级。

在1848年革命后，作为两大阶级的无产阶级和资产阶级，因为互相斗争而削弱了。法国资产阶级为了保证自己的统治，把政权交给了拿破仑的侄子路易·波拿巴。1852年，代表金融资产阶级和大工业家利益的路易·波拿巴称帝，称拿破仑三世，建立了帝国，这就是法兰西第二帝国。

面对各国汹涌的革命浪潮，欧洲的封建君主们大为惊恐，资产阶级也害怕革命继续深入会危及自身的利益。各种反动势力组织反扑，沙皇俄国最为嚣张，派军队到各地帮助镇压革命和民族起义，成为欧洲的宪兵。到1849年8月，欧洲各国的革命基本上被镇压下去了。

虽然这场革命在很多地方均以失败告终，但是却动摇了中欧的保守势力基础，奥地利的首相，保守主义者梅特涅被迫下台，新皇帝弗朗茨·约瑟夫一世通过一些较自由的政策，如扩大地方自治及保证各族平等，维持帝国统治。匈牙利王国、克罗地亚—斯洛文尼亚成为帝国直辖区，享有一定程度的政治自由。在1850年，普鲁士王国也指定了宪法，回应失败了的民间革命,并决心要成立一个团结北方德意志邦国的联盟,以回应民族主义的诉求。因此,1848年革命虽然失败,却为1860年奥地利帝国日益自由化、意大利及德意志两国统一奠定了重要基石。

1848年欧洲反对封建专制的资产阶级革命,可以被看作是为无产阶级及被压迫人民跨越资本主义制度"卡夫丁峡谷"的第一次社会革命的尝试。马克思、恩格斯写了一系列著作来总结1848年革命,主要著作有:《1848至1850年的法兰西阶级斗争》、《路易·波拿巴的雾月十八日》、《德国的革命和反革命》以及《关于共产主义者同盟的历史》等。

在这些著作中,首先分析革命失败的过程及原因。马克思回顾了法国1830年七月革命的阶级状况,论述了1848年二月革命爆发的原因,主要是金融贵族的反动统治引起人民的普遍不满。1847年的农业歉收和西欧的资本主义经济危机,是这次革命到来的促进因素。1848年2月,法国资产阶级共和派利用人民力量,推翻七月王朝的统治,建立了临时政府。在政府中绝大多数代表是资产阶级,而工人阶级的代表是少数,并且居于从属地位。这一事实说明,资产阶级共和国不过是欺骗工人阶级的"社会主义的礼拜堂"。资产阶级共和派掌权后,立即策划反对无产阶级和劳动人民的阴谋。他们从自己任命的政府中排除无产阶级代表,并且加紧组织反动武装,镇压无产阶级。在这种情况下,法国无产阶级没有选择的余地,于是掀起了大规模的六月起义,但由于这次起义没有正确的革命理论作指导,没有无产阶级政党的领导和广大农民的支持,结果遭到失败。六月起义失败的教训,使无产阶级认识到这样一条真理:要获得自身的解放,必须坚持不懈的战斗。否则,是根本不可能的。

其次,认为社会主义社会的建立,必须通过无产阶级革命的道路。马克思在分析法国革命的历史进程时,以形象的比喻得出结论说,"革命是历史的火车头",充分估计了革命在历史上的作用。但是,革命只有在它取得了自己专有的、独特的名称时,才显出了自己本来的面目,而这一点只有在新的革命阶级即工业无产阶级已经庄严地出现在革命前台时,才成为可能。无产阶级的革命斗争唤醒和教育了人民,启发人们的思想,提高群众的觉悟,促使他们发挥创造历史的巨大作用。只有通过无产阶级革命,才能使革命的阶级抛弃幻想,明确前进的道路和方向，争取社会主义的美好前途，也只有通过无产阶级革命，被剥削和被压迫的阶级才能提高他们变革社会的积极性、主动性和创造性，推动社会的进步。法国无产阶级进行革命斗争的历史经验，是有益的和宝贵的。马克思依据法国二月革命和六月起义的经验教训，非常深刻地阐明：革命虽然失败，但陷于灭亡的不是革命，而是旧的传统、观念、幻想和方案。它给无产阶级指明，求得自身的解放，建立社会主义社会，必须通过革命斗争的道路。1848年欧洲革命虽然不是社会主义革命，还不能彻底解决无产阶级解放的问题，但是它毕竟为无产阶级革命扫清道路，作好思想准备。

第三，无产阶级革命必须建立工农联盟，实现无产阶级领导权。

1848年法国无产阶级的革命斗争，充分说明农民问题的重要性。资产阶级掌握政权后，为了反对无产阶级，总是离间工农关系，破坏工农团结，千方百计地争夺农民。使无产阶级陷入孤立无援的境地。巴黎无产阶级六月起义遭到失败的原因之一，就是无产阶级没有得到农民的支持，他们单枪匹马与敌人战斗。马克思根据这次起义失败的教训，特别强调工农联盟对无产阶级革命的重要性。他认为在广大农民群众没发动起来以前，农民还没有与无产阶级站在一起并在它的领导下进行革命斗争，无产阶级革命是不会取得胜利的。马克思不仅论证了工农联盟的必要性，而且也阐明了建立工农联盟的可能性。法国农民在二月革命时期和革命后追随资产阶级，以为资产阶级能满足他们的利益和要求。但是，资产阶级在镇压无产阶级六月起义后，立即把矛头指向了他们，后来，农民又把希望寄托在波拿巴身上。但事与愿违，农民通过亲身经历认识到资产阶级共和国，并不是农民的天堂，而是农民的剥削者联合实行专政的地狱。只有无产阶级专政的社会主义共和国，才能真正满足农民的革命利益和要求。农民阶级所处的被压迫、被剥削的地位，使它和无产阶级有着共同的利益和要求，这是建立工农联盟的可靠基础。另外，在工农联盟中，无产阶级占据领导地位。因为无产阶级是能够代表农民利益的，它在整个革命过程中起先锋队的作用。这样，广大农民一定会把负有推翻资产阶级制度使命的城市无产阶级看作自己的天然同盟者和领导者。因而，无产阶级领导权和工农联盟是不可分割的，没有无产阶级的领导，就没有工农联盟，工农联盟的建立，是以农民承认并接受无产阶级领导为前提的。同样，没有工农联盟，就实现不了无产阶级领导权。

第四，暴力革命是无产阶级革命的重要形式。

马克思认为，推翻资本主义社会，无产阶级必须通过暴力革命的道路。法国无产阶级反对资产阶级斗争的历史证明，无产阶级与资产阶级的矛盾是不可调和的。当无产阶级的斗争超出了资产阶级所允许的范围而危及资本家的利益时，资产阶级就一定要对无产阶级实行血腥的镇压。这是不以人们的意志为转移的阶级斗争客观规律。因此，无产阶级要推翻资产阶级统治，求得自身的解放，不能不用革命的暴力反对敌人的反革命暴力。法国六月起义是群众性的革命暴力行动，是刚刚拿起武器并居于劣势的革命群众同训练有素、力量强大的反动军警之间的一场殊死战争。因此，要使起义获得胜利，就必须依据起义的原则，作好充分准备，严肃认真地对待。但是，恰恰由于无产阶级缺乏对起义规律的认识和掌握，结果起义遭到失败。这次起义失败的教训，从反面证明：无产阶级的暴力革命，必须遵循武装起义的规律，掌握它的原则，才能取得胜利。

第五，打碎旧的国家机器，建立无产阶级专政。

国家政权问题，是一切革命的根本问题。无产阶级革命，首先要解决无产阶级专政的国家政权问题。但如何夺取政权，如何对待资产阶级国家机器的问题？马克思根据1848年革命特别是法国革命的经验，在国家问题上作出了极其重要的结论，这就是必须用暴力打碎旧的国家机器，建立无产阶级专政。马克思主义认为，资产阶级国家机器是资产阶级用以镇压无产阶级的工具。它镇压人民起义，屠杀革命者，抑制进步力量，成为无产阶级和劳动人民的死敌。法国阶级斗争的历史证明，资产阶级反动国家机器，既是欺骗劳动人民又是施用反革命暴力的工具，不打碎它，无产阶级和劳动人民的解放，是根本不可能的。打碎旧的国家机器，建立无产阶级专政，是由无产阶级革命特点所决定的。只有这样，无产阶级才能完成它所肩负的伟大历史任务。

第二节　巴黎公社起义

巴黎公社起义是1871年3月18日至5月28日，巴黎无产阶级在广大人民群众的支持下，为推翻地主资产阶级的反动统治，建立无产阶级国家政权而进行的一次武装斗争。武装起义虽然仅进行了72天，但它却以无产阶级推翻资本主义制度具有世界意义的第一次演习，载入了无产阶级革命的光辉史册。

1871年巴黎公社武装起义是无产阶级推翻资产阶级统治的第一次总演习，更可视为在广义上试图跨越资本主义制度"卡夫丁峡谷"的又一次伟大尝试。

巴黎公社起义是一个划时代的伟大革命，是无产阶级推翻资产阶级统治，建立无产阶级国家政权的第一次总演习，为无产阶级国际共产主义运动提供了丰富而宝贵的经验。公社战士高昂的革命斗志永远激励着世界无产阶级起来进行斗争。

巴黎公社失败的原因是多方面的，客观上，法国资产阶级正处在上升阶段，无产阶级革命的历史条件尚不具备。另外，公社也未能把革命发展到法国各地，取得外省和广大农民的支持，形成强大的工农联盟。还有最重要的是缺少一个成熟的无产阶级政党的坚强领导和正确思想的指导。主观上，由于法国无产阶级本身的历史局限性，在军事斗争方面出现了一些严重的错误：一是错误地始终采取防御政策，没有利用多种机会去消灭凡尔赛反革命力量。没有采取积极有效的措施适时发起进攻，只是消极地等待强敌进攻，这等于等待失败；二是军事准备不足，敌情不明，造成军事部署和指挥失误。起义胜利后，巴黎沉浸在一片欢乐之中，公社对凡尔赛的反扑缺乏警惕和军事准备。三是军事组织混乱，纪律松弛。部队缺乏必要的组织纪律和统一领导，任意行动和自由来去的现象时有发生。战斗中公社战士缺少足够武器，可在仓库里却放着28万支步枪。此外，公社在选拔军事领导人上也存在失误。巴黎公社起义虽然失败了，但它的功绩不可磨灭。这些经验教训更是世界无产阶级革命的宝贵财富。

巴黎公社是无产阶级推翻资产阶级统治，建立无产阶级专政的一次伟大尝试。它的实践，丰富了马克思主义关于无产阶级革命和无产阶级专政的学说，为国际社会主义运动提供了宝贵的经验和教训。

马克思认为公社"浪费了宝贵时间"去组织民主选举，而不是迅速地消灭凡尔赛军，这是一件非常遗憾的事情。法兰西国家银行位于巴黎市，存放着数以十亿计的法郎，而公社却对此原封不动也未派人保护。他们向银行请求借钱，马克思认为他们应该毫不犹豫地全部没收银行的资产。公社为防备谴责而选择不去没收银行的资产。结果银行资产被搬运到了凡尔赛被用于武装凡尔赛的军队。

共产主义者，左翼社会主义者，无政府主义者以及其他人把巴黎公社视为解放社会的原型或者预示，因为它的政治系统是基于包括草根阶层在内的人人参与的民主。马克思、恩格斯、巴枯宁，以及后来的列宁和托洛茨基都试图从巴黎公社很有限的经验中吸取理论上的教训。

对1871年巴黎公社的分析，在马克思各种著作中占有十分重要的地位。例如，组成《法兰西内战》一书的几篇宣言（以及1891年恩格斯写的导言）。在列宁的著作中也是这样，特别是《国家与革命》（1917年），考茨基的《恐怖主义与共产主义》（1919年），以及托洛茨基为塔列尔的《巴黎公社》所写的序言（1921年），都部分地对巴黎公社提出了有争议的解释。

历时两个月的巴黎公社并不是什么有计划行动的产物，也绝非得力于什么个人或具有明确纲领的组织的领导。然而，重要的是，其中三分之一的当选者均是体力劳动者，且其中大部分是第一国际法国支部的活动分子。这个政府的成员是由巴黎选民在巴黎国民自卫军中央委员会意外地掌握国家权力一周之后所安排的一次特别选举中产生的。

马克思认为，尽管公社不是一次社会主义革命，但马克思仍强调指出它的"伟大社会措施就是它本身的存在"。在马克思看来，决不应把公社看作是教条主义的模式或未来革命政府的方案，公社是一个"高度灵活的政治形式，而一切旧有的政府形式在本质上都是压迫性的"。列宁坚持马克思的这一观点，强调指出，公社以这种方式为"无产阶级专政"作了初步准备；这种专政，正如巴黎公社所表明的，是一种能使大多数选民（如工人）对所有机构，包括强制性机构，实行前所未有的控制的国家，是一种最适合于建立社会主义而实现劳动解放的国家。

第三节　俄国革命

俄国革命，又称十月革命，也称为布尔什维克革命，十月革命是在1917年俄国革命经历了二月革命后的阶级斗争基础上的一场革命，是第一个实践了马克思主义的工人革命。十月革命发生于1917年11月7日，经列宁和托洛茨基领导下的布尔什维克领导的武装起义，建立了苏维埃政权和由马克思主义政党领导的第一个社会主义国家。革命推翻了俄罗斯克伦斯基领导的俄国临时政府，导致1918—1920年的俄国内战和1922年苏联的成立。

十月革命，是震撼世界的伟大的历史事件。俄国无产阶级在以列宁为首的布尔什维克的领导下，组织广大农民、士兵，以暴力革命推翻资产阶级统治，成功地建立起世界上第一个无产阶级专政的社会主义国家，这是人类历史上最伟大的一次革命，是无产阶级打碎旧世界、建立新世界的一次最伟大的创举。十月革命的胜利，为当时和俄国无产阶级处于同样遭遇的各国无产阶级树立了榜样。各国无产阶级从俄国无产阶级的革命斗争中，获得了鼓舞自己前进的勇气。十月革命也因此开辟了世界无产阶级的新时代。

十月革命是共产主义运动在人类历史上首次获得的胜利。第一个宣称为实现了"无产阶级领导"的社会主义国家也因此诞生。马克思列宁主义在世界上由此获得了更广泛的影响，传统资本主义世界受到极大的冲击。

十月革命是20世纪国际共产主义运动的序幕，触发了此后各国社会主义运动在全球范围内的扩张，许多殖民地或半殖民地的解放运动也因此得到了更多支持。苏联与西方资本主义国家长达大半个世纪的对抗也从此开始，直至冷战结束、苏联解体。

十月革命第一次成功建立了社会主义制度的国家，也被认为是无产阶级第一次掌握政权，是人类历史上一次意义重大的变革。十月革命也对其他国家的社会进步（比如中国）产生了重大影响，1917年11月7日，十月革命爆发当天，刘仁静在致北京政府外交部的电报中说："近俄内争益烈，广义派势力益张，要求操政权，主和议，并以暴动相挟制。政府力弱，镇压为难，恐变在旦夕。"随着苏俄十月革命对中国影响的扩大，《新青年》开始宣传马克思主义。中国共产党的领袖毛泽东曾经评价："十月革命一声炮响，为我们送来了马克思主义。""中国无产阶级的先锋队，在十月革命以后学了马克思列宁主义，建立了中国共产党。"

俄国十月革命，给中国送来了马克思主义思想，在其指导下，中国共产党取得了中国新民主主义革命的胜利，一个崭新的东方社会主义国家诞生了，由此开启了全新的时代。

然而，69年后，1991年12月25日，戈尔巴乔夫发表电视讲话正式宣布辞职。当日18时32分，在苏维埃社会主义共和国联盟成立69周年即将来临之际，在克里姆林宫上空飘扬的苏联镰刀和锤子国旗徐徐下降；19时45分，一面俄罗斯的红、蓝、白三色旗升上克里姆林宫。从此，苏维埃社会主义共和国联盟的历史宣告终结。苏联和东欧社会主义国家的崩溃，是以苏联十月革命为重要标志的20世纪共产主义运动高潮的一个终结。

1991年年末的苏联解体和1989年下半年开始的东欧剧变，合起来称为苏东剧变，就是苏联和东欧的共产党纷纷丧失政权所引发的政治地震，合起来实为一次大规模剧变。西方社会也称为1989年革命，指的是从20世纪80年代末到90年代初，东欧各个社会主义国家的政治经济制度发生根本性的改变，是斯大林模式的社会主义制度最终演变为西方欧美资本主义制度的剧烈动荡。动荡最先在波兰出现，后来扩展到东德、捷克斯洛伐克、匈牙利、保加利亚、罗马尼亚等前华沙条约组织国家。这个事件以苏联解体告终，一般被认为标志着冷战的结束。东欧剧变的实质是东欧各国的政治体制和社会性质发生改变。这一事件发生得非常突然，造成了极其严重的后果。

也正是因为苏联和东欧共产主义国家的相继解体，国际共产主义运动陷入了持久的低潮，这种持久低潮的出现是国际共产主义运动史上最严重的失败。

20世纪末的苏联解体，与20世纪初的十月社会主义革命的胜利一样，都是震撼世界的重大事件。在经受了极度的震惊之后，全世界的共产党逐渐冷静下来，开始认真总结苏东剧变的教训以及启示。在苏联解体一个多月之后，1992年邓小平在视察南方的谈话中，对社会主义建设经验教训作出了如下的简明概括："不坚持社会主义，不改革开放，不发展经济，不改善人民生活，只能是死路一条。"

苏东剧变和中国特色社会主义道路的成功可以说是两种截然不同的道路，中国共产党在领导中国革命、建设、改革、发展事业的征程中，历经艰辛寻找到的正确道路，就是适合中国国情的中国特色道路。

第四章 "中国道路"
——跨越"卡夫丁峡谷"的成功范例

建党90多年来，新中国成立60多年特别是改革开放30多年来，中国共产党领导中国人民所建立的宏伟大业在全球范围内引人注目。无论国际国内，都在热议"中国道路"。

"道路问题是关系党的事业兴衰成败第一位的问题，道路就是党的生命，道路就是党的事业的命脉。我们党领导革命、建设、改革事业都经历了寻找正确道路的艰难过程。"这是2007年12月17日中共中央总书记胡锦涛对新进中央委员会的委员、候补委员说的一段话。

中国共产党在领导中国革命、建设、改革、发展事业的征程中，历经艰辛寻找到的正确道路，就是适合中国国情的中国特色道路。

在一个人口众多、经济文化比较落后、发展很不平衡，又面临外部环境频繁挑战的东方发展中大国实现现代化、实现民族振兴，既没有书本的现成答案，也没有可资借鉴的现成范例，只能走自己的路。这条路，就是中华民族走向伟大复兴之路，就是马克思主义中国化之路，就是中国革命、建设、改革、发展之路，就是中国特色社会主义之路。

第一节 什么是"中国道路"

"中国道路"是指鸦片战争以来，一个落后的农业大国在世界资本主义体系中，不经过原生型的、成熟的资本主义社会形态，寻求建设社会主义现代化强国的曲折历史过程。从广义上说，"中国道路"可以包括中国革命、建设和改革开放之路；从狭义上说，"中国道路"主要是指"中国特色社会主义道路"，实质上就是"中国特色社会主义道路"的简称。

国际社会对"中国道路"的关注和认同，更多就是对中国特色社会主义道路的关注和认同。在中国崛起的大背景下，一些国外"中国观察家"将目光转向中共并提出了几个核心观点：

一是史无前例的"中国道路"。认为中国共产党"没有盲目照搬西方的政治经济发展模式","谱写了人类历史上最重大的国家成就的篇章",俄罗斯《红星报》说,中共"提出了自己的发展道路——中国特色社会主义。而苏联由于没有进行这样的改革而解体"。奈斯比特、米歇尔·戈代等人认为,中共提出的中国特色社会主义"体现了时代的话题","正在改变全世界对中国共产党的看法"。

二是大智大勇的"变革创新"。奈斯比特说,"中国共产党不再停留在《共产党宣言》上","1978年,中国共产党打开了与世隔绝几十年的坚硬外壳,开始了神奇的蜕变"。美国前助理国防部长傅立民说,中共"奋发图强、竭力赶超、自我反省、自我修正和适应变革的能力在过去28年中取得了惊人的进步"。库恩说,中共有一种革新的毅力、前瞻的视野和宽广的世界眼光,中国改革开放正是从中共政治观念的变革与创新开始的,"他们厌倦了止步不前"。

三是别具一格的"纵向民主"。"中国共产党更加善于聆听人民的意愿",顺应民心"是中国共产党经久不息的原因"。奈斯比特在新著《中国大趋势》中将中国政治民主模式概括为"纵向民主",获得许多"中国观察家"的赞同。他说"中国的纵向民主是建立在自上而下与自下而上力量的平衡上的","两者的合力"促进了国家的强大和人民生活水平的提高。

国际社会对"中国道路"的关注和认同,更多就是对中国特色社会主义道路的关注和认同。

中国共产党领导的中国革命、社会主义建设和改革开放等实践证明,在当今时代,马克思主义依然具有强大的生命力,社会主义制度具有巨大的优越性,中国特色社会主义道路是我国实现国家富强、人民富裕的唯一正确道路。90多年来,中国共产党的思想历程孕育了马克思主义中国化的道路,孕育了中国革命、建设、改革的道路,孕育了今天正蓬勃发展着的中国特色社会主义道路。这是一条通向中华民族伟大复兴之路。

中国社会科学院副院长、研究员李慎明对"中国道路"的内涵概括为以下的六个方面:

第一,始终坚持中国共产党的领导、人民当家做主和依法治国有机统一的政治发展道路。

坚持党的领导、人民当家做主和依法治国有机统一,是中国特色社会主义民主的最大优势和特点，也是"中国道路"成功的根本原因。只有始终坚持中国共产党的领导，才能实现国家的长治久安。人民是我们的力量源泉和胜利之本，只有坚持人民当家做主，我们的事业才能够得到全国人民的衷心拥护，才能充分发挥人民群众以国家主人翁身份建设和管理国家的积极性、主动性、创造性。依法治国是党领导人民治理国家的基本方略，只有坚持依法治国，才能保障广大人民群众在党的正确领导下，通过各种途径和形式管理国家和社会事务，确保国家各项工作都能依法进行。走中国特色社会主义政治发展道路，既是发展中国特色社会主义的必然要求，也是我们与其他国家相比较的巨大优势，任何时候都不能动摇。

第二，始终坚持以公有制为主体、多种所有制经济共同发展的基本经济制度，走让一部分人先富裕起来、逐步实现共同富裕的经济发展道路，这正是中国发展道路同西方发展模式的本质区别。

新中国成立特别是改革开放以来，我国逐步确立的以公有制为主体、多种所有制经济共同发展的基本经济制度，是符合国情、富有成效的。我们只有坚持这一基本经济制度，才能形成按劳分配为主体、多种分配方式并存的分配关系，防止两极分化，促进社会公平正义，逐步实现共同富裕，使全体人民共享改革发展的成果。

第三，始终坚持以马克思主义为指导的社会主义核心价值体系，走与各国各民族相互学习借鉴，与不同社会制度在意识形态上求同存异的文化发展道路。

历史和现实表明，核心价值体系是一个社会的灵魂与精神脊梁。如果没有这个最核心的东西，社会就会失去共同的思想基础，发展道路也会迷失正确方向。

社会主义核心价值体系是"中国道路"的灵魂。当今我国改革开放正在深化，国内社会思想意识日益多样多元多变。面对国内外复杂的局势，必须大力建设社会主义核心价值体系，既大胆吸收借鉴世界一切优秀文化成果，又有效抵制腐朽思想文化的侵蚀，切实维护国家文化安全，不断巩固全党全国各族人民共同团结奋斗的思想基础。

第四，始终坚持解放思想，实事求是，与时俱进，科学发展，在各个领域走不断改革创新之路。

"中国道路"是一条不断学习、创新的道路，这也是

"中国道路"的一个基本内涵。改革开放以来,坚持解放思想、实事求是,与时俱进、改革创新,是"中国道路"越走越宽广的一条重要经验。"中国道路"不是已然完成的、封闭的模式,还没有完全成熟,仍然处于不断探索、丰富、创新和完善的发展过程。

第五,始终坚持对外开放,并在开放中坚持独立自主,与世界各国在经济上平等互利,走积极参与经济全球化的开放之路。

"中国道路"的一个重要内涵就是坚持对外开放,把握好国际国内两个大局,充分利用国际国内两个市场,主动参与经济全球化进程,同时始终坚持独立自主的原则。在参与经济全球化的进程中,我们坚持独立自主、走适合国情的道路。与中国形成鲜明对照的是,很多照搬西方模式的发展中国家并没有实现经济的发展和社会的稳定。正因为如此,"中国道路"才具有世界意义。"中国道路"的成功增强了发展中国家摆脱西方模式束缚、寻找自己道路的信心。

第六,始终坚持维护国家主权和领土完整,政治上互不干涉内政并秉持公道、伸张正义,反对各种形式的霸权主义和强权政治，坚持和平发展，走建设持久和平、共同繁荣的和谐世界之路。

中国和世界是紧密联系在一起的，中国的发展离不开世界，世界的繁荣稳定也离不开中国。"中国道路"之所以成功，就是因为对内坚持科学发展、和谐发展，对外坚持和平发展，推动建设和谐世界，这也正是"中国道路"的力量所在。中国坚持走和平发展道路，比较好地处理了与其他国家的关系，没有走资本主义国家经济侵略的老路，也没有卷入任何大规模的国际冲突之中。中国既充分利用世界和平发展带来的机遇发展了自己，又以自身的发展更好地维护了世界和平，促进了共同发展。我们必须继续高举和平、发展、合作的旗帜，坚定不移地走和平发展道路。

第二节　探寻"中国道路"的两大时期

"中国道路"是由中国革命、建设和改革开放各个不同的历史发展阶段而形成的，它们相互联系、一脉相承，共同构成了"中国道路"的历史发展脉络和基本内容。"中国道路"的选择、"中国道路"的探索,再到"中国道路"的开辟和拓展,在实践与理论相互作用中,"中国道路"的轨迹和轮廓也越来越清晰。

胡锦涛在庆祝中国共产党成立90周年大会上的讲话中指出:中国特色社会主义道路,就是在中国共产党领导下,立足基本国情,以经济建设为中心,坚持四项基本原则,坚持改革开放,解放和发展社会生产力,巩固和完善社会主义制度,建设社会主义市场经济、社会主义民主政治、社会主义先进文化、社会主义和谐社会,建设富强民主文明和谐的社会主义现代化国家。中国特色社会主义道路是自鸦片战争以来170多年无数革命志士和先烈历经奋斗与求索,是中国共产党成立90多年来在"中国道路"上艰辛探索的最伟大成果。中国特色社会主义道路与鸦片战争以来中国旧民主主义革命、新民主主义革命、社会主义革命和新时期改革开放所走过的道路,共同构成了中华民族近代以来为探索"中国道路"而英勇奋斗的不朽篇章。

具体来说,中国社会主义的发展道路经历了两个大的时期。一个是暴风骤雨般的革命时期,它又以五四运动为分水岭，包括先后形成的旧民主主义革命和新民主主义革命两个阶段，各自有着不同的基本发展模式。新民主主义革命"虽然按其社会性质，基本上依然还是资产阶级民主主义的，它的客观要求，是为资本主义的发展扫清道路"；然而由于其主观条件发生了变化，领导革命的政党性质、革命的阶级联盟及革命的目的等均与旧民主主义革命不同，"这种革命又恰是为社会主义的发展扫清更广大的道路"。新中国成立后，社会总体上进入了社会主义建设时期，它有三个不同阶段的经济发展模式，但政治形态的基本发展模式始终如一。第一阶段确立和奠定了社会主义的基本制度，经济上有高度集中的计划经济模式；第二阶段通过改革开放实行经济体制转型，建立社会主义市场经济模式；现在正处在第三阶段的开端，经济社会从粗放型增长方式转向集约的、公平的、可持续的科学发展。

党的十八大报告指出："道路关乎党的命脉，关乎国家前途、民族命运、人民幸福。"中国革命道路和现代化道路的选择，都围绕着实现民族复兴这一中国近现代的历史任务而展开。毛泽东领导的中国革命，为当代中国一切发展进步奠定了根本政治前提和制度基础，他领导的对中国现代化道路的探索，又为新时期开创中国特色社会主义提供了宝贵经验、理论准备、物质基础。而邓小平领导的改革开放，明确提出了走自己的路，成功开创了建设中国特色社会主义的新局面。

一、暴风骤雨的革命时期

（一）旧民主主义革命时期

1840年6月，英军统帅兼全权代表懿律领兵到达广州海面，并根据英国外相巴麦尊的指示，在封锁珠江口之后，北上进攻浙江舟山。7月5日，英军开始进攻战略要地定海县城，鸦片战争正式爆发。1842年8月29日，中英双方签订《南京条约》，战争结束。

但是战争的结果不仅仅如此，其他列强自然不愿意英国独享在中国的权益，纷纷与中国签订更多不平等条约。比如中美签订《中美望厦条约》、法国与中国签订《黄埔条约》，享有领事裁判权和传教权等。1843年10月8日，中英签订了《虎门条约》，重新规定了英国所享有的最惠国待遇和领事裁判权。

鸦片战争是中国签下不平等条约的开端，但是鸦片战争的胜败反映出了当时东、西方军事以科技为主的巨大差距。而当时只有极少数人物如林则徐、魏源等，开始注意到西方科技的进步，并著书立说介绍西方事物，但包括朝廷在内的绝大多数人，并没有因鸦片战争而改变对西方的看法。

自1840年鸦片战争以后，中国日益沦为一个半殖民地半封建国家，民族危亡，民不聊生。救国寻路，民族复兴，就成为近代中国的基本政治主题。中国的各种政治力量为此进行了不懈探索，作过各种尝试。如搬用一些洋枪洋炮和近代工业技术的洋务运动；上层士大夫希望依靠光绪皇帝的支持来进行改革的戊戌维新运动；下层民众自发掀起的义和团运动和孙中山领导的资产阶级革命。

1. 洋务运动

洋务运动是清后期至清末时，清廷洋务派官员抱着"师夷长技以制夷"的口号和目的，在全国展开的工业运动。该运动自1861年底（清咸丰十年）开始，至1895年大致告终，持续了近35年。按目标的不同，洋务运动可分为前期、后期两个阶段。在两次鸦片战争失利、太平天国起义风起云涌后，清廷上层为应对内忧外患形成了"洋务派"与"守旧派"两种阵营，以曾国藩、左宗棠、李鸿章为代表的洋务派官员主张学习列强的工业技术和商业模式，利用官办、官督商办、官商合办等模式发展近代工业，以获得强大的军事装备、增加国库收入、增强国力，维护清廷统治。

洋务运动的内容很庞杂，涉及军事、政治、经济、教育、外交等，而以"自强"为名，兴办军事工业并围绕军事工业开办其他企业，建立新式武器装备的陆海军，是其主要内容。

洋务派提倡"中学为体，西学为用"，希望利用先进的技术维护封建统治，改革并不触动封建制度。后来发生的中日甲午战争证明，洋务运动没有使中国走上富强的道路。但是，它引进了西方资本主义国家的一些近代科学生产技术，培养了一批科技人员和技术工人，在客观上刺激了中国资本主义的发展，对外国经济势力的扩张，也起到了一些抵制作用。洋务运动使中国迈出了由"传统社会"向"现代社会"转变的第一步，中国社会现代化的进程从此真正开始。

洋务运动在当时的中国，其失败命运是不可避免的。

第一，在不触动腐朽的封建专制的前提下，洋务派试图利用西方资本主义的某些长处来维护封建专制统治，这种手段和基础的矛盾，使洋务运动注定是不可能成功的。同时，洋务运动处处受到顽固派的阻挠和破坏，从而加大了洋务运动开展的阻力。

第二，洋务派本身的阶级局限性，决定了他们既是近代工业的创办者和经营者，也是其摧残者和破坏者，其封建衙门和官僚式的体制，必定导致洋务企业的失败。

第三，洋务运动的目的之一是抵御外侮，但洋务派在主持外交活动中，坚持"外须和戎"，对外妥协投降，他们所创办的近代企业有抵御外侮和"稍分洋人之利"的作用，但却不能改变中国半殖民地半封建社会的地位。甲午战争，洋务派标榜的"自强"、"求富"目标未能实现，洋务运动归于失败。

第四，当时的大多数中国人对洋务知之甚少，思想还处于被愚昧迷信和封建礼教束缚的阶段。

2. 戊戌维新运动

戊戌变法又名百日维新、戊戌维新、维新变法，是1898年发生在我国的一次资产阶级改良主义政治运动，是清朝光绪二十四年间（1898年6月11日—9月21日）的短暂政治改革运动，变法由光绪皇帝领导，深入经济、教育、军事、政治及官僚制度等多个层面，希望清国走上君主立宪的道路。然而后期遭到慈禧太后与守旧派的反扑，发动了戊戌政变，戊戌变法仅经历了103天就以失败告终。维新派首领康有为和梁启超逃出中国，许多维新人士被追捕杀害，光绪帝则被软禁于中南海瀛台，西太后重新当政。变法失败亦引发了民间支持更为激烈的改革主张，推翻帝制，建立共和。

戊戌变法失败的根本原因，是由于这场变法的领导者资产阶级维新派其资本主义发展不充分，导致该阶级具有软弱性和妥协性，具体表现为：第一，势力过于弱小，而顽固势力十分强大；第二，缺乏坚强的组织领导，依靠的是一个没有实权的皇帝；第三，维新派没有实力，又不能发动广大的人民群众；第四，对帝国主义列强抱有不切实际的幻想。

变法失败的教训证明，在半殖民地半封建的中国，资产阶级改良主义道路是行不通的。

3. 义和团运动

义和团运动或称庚子事变、庚子国变、庚子拳乱，是19世纪末、20世纪初中国清末发生的一场以"扶清灭洋"为口号，针对在华西方人（也包括传教士及华人基督徒在内）的排外运动,"突显中西之间日益紧张的关系,它也标志着以仇外情绪为契机的反对基督教传教活动已达到高水位"。义和团原称义和拳,其参与者被称为"拳民",贬称则为"拳匪"。

义和团本来是长期流行在山东、直隶(今河北)一带的民间秘密会社,他们利用设立神坛、画符请神等方法秘密聚众,称为"义和拳",其中掺杂有大量教授信众"刀枪不入"的愚昧成分。

最初义和拳同当时清朝大部分秘密团体一样,反对满族统治,以"反清复明"为口号,遭到镇压。随着中国近代史形势的发展,以帝国主义侵略为先导的西方势力的冲突代替华夷之辩满汉之争成为主要历史矛盾,义和团开始支持清朝抵抗西方,改名为"虎神营",口号也改为"扶清灭洋"(1898年由赵三多首次提出)。

义和团运动虽然当时被西方认为是一场扶清的排外运动,但其也确实很大程度上削弱了清政府的统治能力。其后继续掌握朝政的慈禧太后,以及她的继承人也认识到无论先前的态度如何,若想避免清朝灭亡,中国势必进行改革。在此以后至1912年清朝覆亡以前实行了多种新政,但始终无法扭转形势。

义和团运动标志着近代意义上的中国民族意识的觉醒，是中国近代民族主义的滥觞。义和团抗击帝国主义侵略的失败证明，没有正确的指导思想就没有人民革命的胜利。

4. 辛亥革命

辛亥革命是指1911年（清宣统三年）中国爆发的资产阶级民主革命。它是在清王朝日益腐朽、帝国主义侵略进一步加深、中国民族资本主义初步成长的基础上发生的。其目的是推翻清朝的专制统治，挽救民族危亡，争取国家的独立、民主和富强。这次革命结束了中国长达两千年之久的君主专制制度，是一次伟大的革命运动。辛亥革命是近代中国比较完全意义上的资产阶级民主革命。它在政治上、思想上给中国人民带来了不可低估的解放作用。革命使民主共和的观念深入人心。反帝反封建斗争，以辛亥革命为新的起点，更加深入、更加大规模地开展起来。

辛亥革命作为民主革命，彻底推翻了清朝的统治，结束了中国两千多年来的封建帝制，开启了民主共和新纪元，使共和观念深入社会中上层人士的思想中。

辛亥革命被称为"中国历史上一次伟大的资产阶级民主革命",推翻了满清政府及中国实行两千余年的封建皇权制度,建立了亚洲第一个民主共和国——中华民国。在此之前的中国的历次起义都是以一个朝代代替另一个朝代而结束的,但辛亥革命却彻底推翻帝制,并试图建立新的政治体制——共和制。尽管后来民主共和的规则受到北洋军阀多次不同程度的破坏,甚至一度有短暂帝制的复辟,但他们都不能从根本上颠覆众望所归的共和国体。

首先,辛亥革命是中国历史上第一次具有资产阶级思想和进步意义的革命,它推翻了统治中国近代长达270多年的腐败屈辱的清王朝统治,铲除了两千余年的君主专制制度,建立了资产阶级民主共和国,实现了国家政权由封建专制制度向民主政治制度的转变,开启了资产阶级民主共和道路,推动了历史的前进。为后来的革命扫清了政治障碍,开辟了道路,因此,辛亥革命对推动"中国道路"发展具有发轫作用,是"中国道路"发展的一个里程碑。辛亥革命制定颁布了中国历史上第一部资产阶级民主主义宪法,确立了"主权在民"和人民一律平等的思想,确立了民主政治构架,全面体现资产阶级政治理念，是政治民主化的重要成果和标志，为中国政治现代化道路的发展谱写了开篇。辛亥革命后，中国政府在维护国家统一和领土完整，取消不平等条约和提高国家地位方面取得了一定成果，辛亥革命使人民获得了一些民主和共和的权利。

其次，辛亥革命在经济上推动了中国民族资本主义走向工业化道路，为民族资本主义的发展创造了有利的条件，开始了中国近代化的第一次腾飞。辛亥革命后，孙中山认为"今日满清退位、中华民国成立，民族、民权两主义俱达到，唯有民生主义尚未着手，今后吾人所当致力的即在此事。"而实现民生主义最切实的举措，就是发展实业。他在武昌起义爆发后指出，"此后社会当以工商实业为竞点，为新中国开一新局面。至于政权，皆以服务之为要领。"阐明了"建设是革命的唯一目的"的思想。民国政府颁布了一系列法令、制度，鼓励和保护民族资本主义的发展。孙中山亲手制定了中国第一个工业化方案——《物质建设实业计划》，规划中国工业化发展的道路。这些措施促进了中国民族资本主义经济的发展，出现了近代中国民族工业蓬勃发展的高潮。民国建立以后，国内实业集团纷纷成立，开工厂、设银行成为风气。民族资本主义的经济力量在短短的几年内就有了显著的增长。

再次，辛亥革命极大地冲击了传统的意识形态，在思想领域掀起了一场重大的启蒙运动，促进了民众政治意识的觉醒与参政意识的增强。主要表现在自由平等意识的增强，民主共和意识的出现，法制观念意识的加强和独立、自尊、自爱、自信的个性意识的觉醒。一方面，政治参与主体扩大了。另一方面，政治参与范围增强了，"集会结社，犹如疯狂，而政党之名，如春草怒生，为数几至近百"。政治气氛空前活跃，政党意识十分浓厚。中国出现了第一个建党高潮，打破了中国政治由科举而仕的传统，出现了由政党而仕的趋势，标志着传统政治向现代政治的转型，开创了中国政党政治的新道路。

最后，辛亥革命在文化教育方面开启了民主、科学的发展道路。以天赋人权、平等、自由、博爱为核心的民主的价值体系取代了以"三纲五常"为核心的忠君观念、道德观念，人民的民主、自由、平等意识逐渐增强。在文化教育上废除宣扬封建思想的内容，增设自然科学和各类实用性课程，允许小学男女同校，鼓励设立女子专门学校和职业学校，这些措施有力地推动了教育现代化的发展。此外，反对文言文，提倡白话文；

提倡科学，反对迷信；提倡妇女解放，主张移风易俗等主张和措施，都对人们的思想解放产生了深远影响，也为五四新文化运动铺平了道路。

另外，辛亥革命对近代亚洲各国被压迫民族的解放运动，产生了比较广泛的影响，特别是对越南、印度尼西亚等国的反对殖民主义的斗争起了推动作用，在亚洲的历史上也是一次伟大的转折。列宁把辛亥革命视为"亚洲的觉醒"，辛亥革命在亚洲打响了民主的第一枪。

总之，回顾1840年以来的救国寻路，民族复兴之路，我们可以看到：只搬用一些洋枪洋炮和近代工业技术的洋务运动，试图在不变更大清王朝封建皇权的前提下走强国之路，结果只能是失败；上层士大夫如康有为、梁启超为代表的民族资产阶级改良派曾希望依靠光绪皇帝的支持来进行改革的戊戌维新运动，试图在中国建立君主立宪式的资本主义，结果同样是失败；下层民众自发掀起的义和团式的旧式反抗运动也失败了；孙中山领导的辛亥革命，推翻了两千多年的封建帝制，拉开了中国民主革命的序幕。但由于中国民族资产阶级自身的软弱、妥协和对帝国主义、封建主义的依赖性，不能和不敢充分发动和依靠广大人民群众，孙中山领导的这场资产阶级革命也没能改变中国的命运。中国仍然在黑暗中徘徊。精神的苦痛折磨着一代又一代中国人。中国的出路在哪里呢？"山穷水尽诸路皆走不通"，毛泽东用形象的十个字，概括了近代以来仁人志士探索民族复兴之路苦涩的心路历程。

（二）新民主主义革命时期

当中国先进知识分子在黑暗中苦苦求索时，1917年，俄国取得了十月革命的胜利，建立了劳动人民当家做主的政府，第一次把社会主义从理论学说变成了活生生的现实。正如毛泽东所说的，十月革命的一声炮响，给中国送来了马克思主义。于是，走俄国革命的道路，成为陈独秀、李大钊等一批中国先进知识分子的鲜明主张，在李大钊、陈独秀等人的影响下，走俄国革命的道路成为中国一批先进青年最终的选择。马克思主义的传播也因此成为五四新文化运动一种重要的新思潮。马克思列宁主义的革命理论，正好给了当时正在苦苦寻路的中国先进分子一个全新的答案。

这个时期，中国民族矛盾和社会矛盾已经非常尖锐，中华民族已处于生死存亡的关头，而中国传统社会已经失去了自我更新的能力，其他的路都试过了，结果统统失败了，都走不通。所以毛泽东认为俄国式的革命道路，是各条道路皆走不通、才有的新发明的一条路。他还比较了社会民主主义、无政府主义等方法，认为"激烈方法的共产主义，即所谓劳农主义，用阶级专政的方法，是可以预计效果的，故最宜采用"，它标志着毛泽东选择了马克思列宁主义革命道路。

但是，中国革命是什么性质的革命，走什么样的道路，依靠谁，是不是可以照搬俄国革命的经验，每一个问题都是关乎革命成败的大问题，都没有现成答案。

1921年，毛泽东、何叔衡、董必武、陈潭秋、王尽美、邓恩铭、李达、李汉俊等13人，在上海秘密成立了中国共产党。新的革命实践、民族复兴道路的新探索也就由此开始。

中国共产党面对的是一个半殖民地半封建的落后农业大国，农民占人口的绝大多数，分散的小农经济、小生产广泛存在，又遭受着帝国主义侵略和压迫。中国的条件与马克思、恩格斯、列宁所分析的西方资本主义国家进行无产阶级革命的条件有着巨大的差别。

党的一大把社会主义和共产主义规定为党的奋斗目标，但没有对党在现阶段的基本任务作出明确而恰当的规定。党的二大提出，党的最高纲领是实现社会主义、共产主义，但在现阶段的革命纲领应当是打倒军阀，推翻国际帝国主义的压迫，统一中国，并建立真正的民主共和国。由一大确定直接搞社会主义革命到二大确定首先进行民主革命，然后再进行社会主义革命，这是中国革命在起点上就实现了的一次重大转变。

最初，年轻的中国共产党基本照搬马克思主义学说和俄国革命的经验，把主要力量放在了城市，发动城市工人罢工。但是，1923年的"二七"惨案，使工人运动陷入了低潮。

中国共产党转而与国民党合作，建立工人阶级和民主力量的联合战线，掀起了国民大革命的风暴。然而，蒋介石、汪精卫集团背叛革命，大批共产党人被杀害，如火如荼的大革命失败了。第一次国内革命战争失败以后，在关系党和革命事业前途和命运的关键时刻，中共中央政治局于1927年8月7日在汉口召开了紧急会议。八七会议在我党的历史上占有重要的地位，给正处于思想混乱和组织涣散的中国共产党指明了新的出路，为挽救党和革命作出了巨大贡献。由于没有注意防止正在滋长的"左"倾情绪，导致后来发展成危害极大的"左"倾错误。

八七会议是在中国革命的危急关头召开的，会议正式确定了实行土地革命和武装起义的方针，并把领导农民进行秋收起义作为当前党的最主要任务，从而使全党没有在白色恐怖面前惊慌失措，指明了今后革命斗争的正确方向，特别是毛泽东在会上提出"须知政权是由枪杆子中取得的"，为挽救党和革命作出了巨大贡献，明确了中国共产党决心实行土地革命和武装反抗国民党反动派的方针，但还没有把军事斗争作为中心，中国革命从此开始由大革命失败到土地革命战争兴起的历史性转变。

中国共产党人终于认识到了"枪杆子"的重要，开始武装夺取政权的尝试。但当时党内的一些领导人继续推行以"城市中心论"为特征的"左"倾冒险主义。各路起义军在攻打大城市的过程中接连失败。继南昌起义之后，1927年9月9日，毛泽东在湖南发动了秋收起义，准备会攻长沙。由于敌我力量悬殊，起义失败了，原来5000多人的队伍，只剩下1500余人。攻打长沙的计划，严重受挫。12月，张太雷、叶挺在广州发动起义，结果也失败了。1927年到1928年底，中国共产党在各地领导了一百多次武装起义，基本上都以失败告终。

第一个发现必须根据马克思主义基本原理创造出指导中国革命实践新理论的，是毛泽东。毛泽东带着秋收起义失败的队伍，走上了井冈山，开始了创建井冈山农村革命根据地的艰苦斗争。"上山"是失败后保存武装的一条无奈之路，但是这样一个无奈的选择，却闯出了中国革命的新局面、新途径，闯出了中国的第一个红色政权。

1928年4月，朱德和陈毅率领南昌起义余部和湘南起义农军辗转来到井冈山。朱毛两军会师，合编为工农革命军第四军。

然而，在四周都是白色政权的包围下，这条道路能走得通吗？

为了回答和解决严酷环境中一个又一个的紧迫问题，毛泽东根据中国社会和中国革命的特点，在探索"中国道路"的过程中，先后写了《井冈山的斗争》、《中国的红色政权为什么能够存在》、《星星之火，可以燎原》，此后又写了《中国革命战争的战略问题》等一系列著作。中国共产党人逐步明确了实行工农武装割据，农村包围城市，最后夺取全国政权这样一条中国革命的道路。

毛泽东根据中国社会和中国革命的特点，从五个方面回答了红色政权能够长期存在并发展的原因。第一，中国的地方性的农业经济（不是统一的资本主义经济）和帝国主义对中国实行划分势力范围的分裂政策，造成了各派新旧军阀之间的矛盾以至连续不断的战争，给革命力量的发展以可乘之机；第二，大革命的影响还留在中国广大区域的工农兵群众之中；第三，由于引起中国革命的矛盾没有解决，全国革命形势在继续向前发展；第四，有相当力量的正式红军的存在，是红色政权存在的必要条件；第五，共产党组织的有力量和它的政策的不错误，更是一个要紧的条件。

农村包围城市的革命新路是一个伟大创造。不论是从国际共产主义运动的理论来看，还是从实践来看都是史无前例的。共产国际的一切文献，在讲到无产阶级政党领导夺取政权时，都是同工人运动联系在一起的。从当时已有的实践来看，国际上第一个无产阶级政权巴黎公社是以巴黎为中心，通过城市起义取得的，俄国十月革命的胜利也首先是从城市工人和士兵的武装起义开始的。

在《星星之火，可以燎原》这篇著作中明确指出了农村包围城市的革命新路，提出了以农村包围城市、武装夺取政权的思想。他在分析了中国的特殊国情后，指出：红军、游击队和红色区域的建立和发展，是促进全国革命高潮的重要因素。单纯的流动游击政策，不建立根据地，不能完成促进全国革命高潮的任务。

在革命力量弱小、不少人为红军的前途感到悲观的时候，毛泽东透过现象看本质，预言全国各地星星点点的小块红色政权必将成燎原之势，作出了"星星之火，可以燎原"的战略判断。

创造新的理论不容易，让人们接受新的理论更需要时间，需要过程，需要实践的检验。共产国际领导人当时就认为，中国革命就要像俄国十月革命那样，在城市里组织工人暴动，武装夺取政权。他们觉得中国共产党跑到山沟沟里去搞武装割据，站不住脚，是注定要失败的。受共产国际的这种影响，当时党内有许多人认为，搞工农武装割据，走农村包围城市的道路最后是走不通的。

在各种因素的影响下，年轻的中国共产党再次犯了"左"倾教条主义错误，在与国民党军队的正面对抗中遭到严重失败，丢失了几乎所有的根据地，并被迫进行两万五千里长征。这次失败的教训是惨痛的，中国共产党人由此也重新认识到了毛泽东和他的理论的正确。

红军长征到达陕北，在黄土高原上建立了中国革命新的大本营。长期的斗争实践反复检验，历史终于选择并确立了毛泽东在中国共产党内的领袖地位。1938年10月，中共六届六中全会在延安桥儿沟的天主教堂召开。这次会议在中国共产党探索"中国道路"的进程中有着特殊的历史意义。

毛泽东在这次会议上提出了两个重要思想论断：一个是他在会议开始时代表中共中央作的《论新阶段》的政治报告中，明确提出了马克思主义中国化的重要论断；一个是他在会议结束时作的结论，后来收入《毛泽东选集》第二卷的《战争和战略问题》中，结论明确提出了中国革命必须走农村包围城市的道路。他指出：在中国这样一个"无议会可以利用，无组织工人举行罢工的合法权利"的国家里，"共产党的任务，基本不是经过长期合法斗争以进入起义和战争，也不是先占城市后取乡村，而是走相反的道路"。

在六届六中全会上，毛泽东的正确主张得到了大多数人的理解和支持。农村包围城市，武装夺取政权的道路，得以确立起来了。

延安时期，毛泽东系统总结了中国革命的经验，写出了《〈共产党人〉发刊词》、《新民主主义论》、《论联合政府》等著作，对中国革命的性质、目的、步骤、领导阶级、依靠力量等重大问题进行了分析，创立了新民主主义革命理论。

《新民主主义论》是反映毛泽东新民主主义革命理论的一篇重要文献，目的主要是驳国民党顽固派。

新民主主义这个科学概念，最早出现在1939年12月写成的《中国革命和中国共产党》。在这篇文章中，毛泽东第一次把资产阶级民主革命区分为旧民主主义革命和新民主主义革命，对中国革命的对象、任务、动力、性质、前途等问题逐一进行了论述，并对什么是新民主主义革命给出了一个明确的定义："所谓新民主主义的革命，就是在无产阶级领导之下的人民大众的反帝反封建的革命。"但是，对新民主主义的政治、经济、文化的内容是什么，它们的特点是什么等问题还没有进行阐述。这些问题是在1940年1月的《新民主主义论》中得到全面阐述的。新民主主义的理论和纲领在《新民主主义论》这篇文章中得到了更加系统的阐发。

新民主主义革命和旧民主主义革命的一个根本区别是无产阶级是否掌握了领导权的问题。新民主主义革命是无产阶级领导的，关于无产阶级领导权的问题，早在大革命时期就提出来了，但无产阶级怎样去实现这个领导权，很长一段时间都没有搞清楚。毛泽东也经历了长期思考和探索，到了1939年10月写《〈共产党人〉发刊词》时作出了全面论述，提出了统一战线、武装斗争、党的建设，是中国共产党在中国革命中战胜敌人的三个主要法宝的重要思想。

《新民主主义论》明确提出了中国革命必须分两步走。这是一个重要的理论创新。无产阶级领导的中国革命要分两步走，第一步是新民主主义革命，第二步才是社会主义革命。只有完成前一个革命，才有可能去完成第二个革命。

新民主主义革命理论，使得毛泽东开辟的农村包围城市、武装夺取政权的革命道路更加成熟、清晰、可行。正是依靠这一理论，毛泽东和他的战友们建立起了一个用马克思列宁主义革命理论和革命风格武装起来的无产阶级政党、一个在党的绝对领导下为人民解放事业英勇奋战的人民军队、一个团结全民族绝大多数人共同奋斗的统一战线,并依靠这"三大法宝",最终夺取了新民主主义革命的胜利,推翻了压在中国人民头上的"三座大山",实现了近代以来几代中国人梦寐以求的民族独立和人民解放。

如何把马克思主义的一般原则与中国的具体实际相结合,是摆在中国共产党人面前的一项艰巨而紧迫的任务,以毛泽东为代表的中国共产党人勇敢地接受了这一挑战,并且作出了正确的判断。农村包围城市革命道路理论,是马克思主义普遍原理与中国革命具体实际相结合的光辉典范,是毛泽东思想形成的重要标志。毛泽东思想的形成和发展过程,就是马克思主义同中国实际相结合的过程,就是中国革命不断从一个胜利走向另一个胜利的过程。农村包围城市革命发展道路的开辟,实现了中国革命由城市向乡村的历史性转变,保存和发展了革命力量。

中国共产党通过长期的革命斗争,特别是在艰难曲折中的砥砺奋进,证明了一个颠扑不破的真理,也成为全党的共识。这就是:一方面必须坚持以马克思主义为指导思想,这一点毫不动摇;同时,又必须把马克思主义中国化,把马克思列宁主义和中国的实际相结合，这样才能真正发挥它的指导作用。马克思主义为我们指明了前进的方向，而对马克思主义的灵活运用和创新发展则为我们开辟了一条到达理想彼岸的独特道路。中国革命必须要有马克思列宁主义作指导，但同时又必须坚决反对本本主义，反对照抄照搬。

以《反对本本主义》这篇著作的基本理念为基础，毛泽东在延安整风运动中提出了实事求是的思想方法。实事求是，是中国的一个历史典故。毛泽东赋予了它新的内涵。实事求是，就是不迷信任何教条，一切从实际出发，理论联系实际。也就是说，要把马克思主义普遍原理与中国的具体实践结合起来。这一思想方法提出后，在党内取得共识，成为中国共产党人摆脱教条、解放思想的最根本的思想方法。此后中国共产党人的一切理论创新都源于这一思想方法。它至今仍是中国共产党思想路线的核心内容，也是理解"中国道路"最关键的一个概念。

1945年，中国共产党第七次全国代表大会坚定地举起了毛泽东思想的旗帜，大会通过的《中国共产党党章》，第一次写入了这样的内容："中国共产党，以马克思列宁主义的理论与中国革命实践之统一的思想——毛泽东思想，作为自己一切工作的指针。"马克思主义与中国实际相结合，党的七大就这样概括了中国共产党人20多年的心路、心得，概括了毛泽东思想的灵魂。也正是沿着这样的思路，在夺取全国政权后我们党开始领导建设一个新的国家。

二、社会主义建设时期

（一）确定和奠立社会主义基本制度

1949年春天，中国革命的胜利已是触手可及，"中国道路"即将由革命走向建设。在西柏坡召开的七届二中全会上，毛泽东指出："中国的革命是伟大的，但革命以后的路程更长，工作更伟大，更艰苦"，"我们不但善于破坏一个旧世界，我们还将善于建设一个新世界。"

中国人民将要建设一个怎样的新世界呢？

1949年9月29日中国人民政治协商会议第一届全体会议一致通过的《中国人民政治协商会议共同纲领》，就是描绘这个新世界的第一幅蓝图。它承载着奠定新中国基本格局和未来走向的一系列重大决策，成功地解决了中国革命胜利后应该建立一个什么样的新中国和怎样建设一个新中国的问题。

《共同纲领》分序言和总纲、政权机构、军事制度、经济政策、文化教育政策、民族政策、外交政策七章，对新中国的方方面面都作出了具体规定。比如，在国体上，《共同纲领》规定新中国是实行工人阶级领导的以工农联盟为基础的、团结各民主阶级和国内各民族的人民民主专政的国家；在政体上，实行人民代表大会制度；在政党制度上，实行中国共产党领导的多党合作和政治协商制度；在民族政策上，实行民族区域自治制度。这些根本的和基本的政治制度，一直到今天还发挥着重要的作用。

《共同纲领》是在中国共产党领导下，通过各方面人士反复协商、一致同意的中国历史上第一个人民建国大纲，也是马克思主义中国化的一次成功实践。

1949年新中国的成立，标志着新民主主义社会制度在全国范围的建立。

《共同纲领》起到了临时宪法的作用，代表了全国人民的根本意志和利益，得到各党派、各团体和各界人士的衷心拥护。在它的引领下，新中国各项工作有条不紊地起航了。经过短短三年时间，就快速完成了国民经济的恢复，在政治、经济、军事和思想文化各方面取得了比预想更快更大的胜利，国内形势发生了巨大变化。

1952年秋，党的领导人根据当时的情况和党预定的社会主义目标，开始酝酿过渡时期总路线。同时随着国内形势的变化，制定一部正式宪法在1953年被提上议事日程。毛泽东亲自主持了宪法的起草工作。宪法是《共同纲领》的发展，它保留了《共同纲领》关于国家性质、人民民主制度、人民权利、民族政策等各方面的基本原则，同时又作了详细规定。《共同纲领》中的经济政策，一部分仍然有效，一部分已经过时。宪法把过时的规定抛弃了，补充了一些新的规定。其中最重要的是加上了过渡时期总路线的各项规定。

1954年，第一届全国人民代表大会通过了《中华人民共和国宪法》。毛泽东说：用宪法这样一个根本大法的形式，把人民民主和社会主义的原则固定下来，可以使全国人民感到有一条清楚明确的道路可走。

过渡时期总路线最早是在1953年6月15日毛泽东在中央政治局会议上的讲话中完整提出和阐述的。这就是"从中华人民共和国成立，到社会主义改造基本完成，这是一个过渡时期。党在过渡时期的总路线和总任务，是要在十年到十五年或者更多一些时间内，基本上完成国家工业化和对农业、手工业、资本主义工商业的社会主义改造。"到12月，由毛泽东最后改定时，将表述确定为："在一个相当长的时期内，逐步实现国家的社会主义工业化，并逐步实现国家对农业、对手工业和对资本主义工商业的社会主义改造。"过渡时期总路线的正式提出，开始了大规模的农业、手工业和资本主义工商业的社会主义改造。

党在过渡时期的总路线，被人们精练地概括为"一体两翼"或"一化三改"，"一体"是实现社会主义工业化，两翼是对农业、手工业和资本主义工商业的社会主义改造。

把社会主义工业化视为过渡时期总路线的主体，是因为实现工业化对在中国建成社会主义制度起着决定性的作用。而"三大改造"只是它的两翼，是为了加快实现国家的工业化，而不是单纯地为改变生产关系而改变生产关系。因此，过渡时期总路线的提出，顺应了国家经济社会发展的需要，符合人民进入社会主义的意愿，对在中国建立起社会主义制度有着决定性意义。通过和平赎买的方式而不是暴力剥夺来实现向社会主义过渡，这在世界社会主义史上是具有独创性的。当然，在具体做法上，也存在着求快、求纯的缺点，特别是认定只有使生产资料社会主义公有制成为国家唯一的经济基础，才能发展生产力、实现工业化，这是不符合中国实际的，反映了中国共产党在对什么是社会主义、怎样建设社会主义的问题上，还缺乏清楚的认识。

1956年，随着社会主义工业化的发展和"三大改造"的完成，中国实现了由新民主主义社会向社会主义社会的转变。这是中华民族历史发展中的一个新起点，也是"中国道路"的一个新起点。它的历史意义，正如胡锦涛总书记在党的十七大报告中所评价的，"为当代中国一切发展进步奠定了根本政治前提和制度基础。"

社会主义制度在中国的确立，也把怎样建设社会主义这样一个全新的课题推到了中国共产党人的面前。

当经历革故鼎新的新生政权着手恢复和发展国民经济之时，一条道路已经不言自明地摆在了面前：沿着苏联胜利走过的社会主义工业化和国民经济的社会主义改造的光荣道路前进。新中国成立之初，向苏联学习贯穿社会生活的方方面面。当时流行的说法是，"苏联的今天就是我们的明天"、"苏联走过的路，就是我们学习的榜样"。毛泽东后来回顾建国初期的情况时说："解放后，三年恢复时期，对搞建设，我们是懵懵懂懂的。接着搞第一个五年计划，对建设还是懵懵懂懂的，只能基本照抄苏联的办法。"

到了1956年，从1953年第一个五年计划算起，新中国已经有了三年的建设实践经验，对于苏联社会主义建设中的一些经验和缺点也逐渐有所了解。这些问题逐渐引起了毛泽东的注意和思考。毛泽东就此指出："最近苏联方面暴露了他们在建设社会主义过程中的一些缺点和错误，他们走过的弯路，你还想走？过去我们就是鉴于他们的经验教训，少走了一些弯路，现在当然更要引以为戒。"中国的社会主义建设道路最终走的是一条与苏联模式既有联系，又有重大区别的道路。

1955年底，毛泽东提出了以苏为鉴的问题，实际上就是要探索中国怎么走自己的社会主义道路的问题。1956年4月4日，毛泽东在一次会议上提出，民主革命时期，我们走过一段弯路、吃了大亏之后，才成功地实现了把马克思列宁主义的基本原理同我国革命的具体实际结合起来，取得了革命的胜利。现在是社会主义革命和建设时期，我们要进行第二次结合，找出在中国怎样建设社会主义的道路。

1956年4月25日，毛泽东在中共中央政治局扩大会议上发表了一篇重要讲话。在这次讲话基础上形成的《论十大关系》，被后人公认为探索适合中国国情的社会主义建设道路的开篇之作。毛泽东在这篇讲话中，以苏联的经验为鉴戒，总结了我国的经验，论述了社会主义革命和社会主义建设中的十大关系，提出了适合我国情况的多快好省地建设社会主义总路线的基本思想。

《论十大关系》的产生，标志着毛泽东对中国社会主义建设道路的探索开始形成一个初步的然而又比较系统的思路。正如毛泽东自己所说："前八年照抄外国的经验。但从1956年提出十大关系起，开始找到自己的一条适合中国的路线。"以苏为鉴，根据中国的情况走自己的路。

毛泽东在《论十大关系》中曾经说道：提出这十个问题，都是围绕着一个基本方针，就是要把国内外一切积极因素调动起来，为社会主义事业服务。

然而，也就是在1956年，社会上开始出现一些影响人民群众积极性的因素。毛泽东又开始了新的观察和思考。8个月后，他写出了探索社会主义建设道路的又一篇经典文献《关于正确处理人民内部矛盾的问题》。

为什么毛泽东在这个时候提出要正确处理人民内部矛盾的问题呢？1956年是被毛泽东称为"多事之秋"的一年。在国际上，最引人注目的是苏共二十大上赫鲁晓夫作秘密报告，以及波兰和匈牙利事件，暴露出苏联东欧一些社会主义国家存在严重的矛盾和问题。在国内，这一年一些社会矛盾也表现得比较突出，半年内，全国大约有1万多工人罢工、1万学生罢课，还发生了部分农民要求退社的情况，对现实不满的言论也多起来了。

这种情况的发生，是包括毛泽东在内的中国共产党人始料不及的。人们刚刚欢庆社会主义改造取得伟大胜利，中国刚刚进入社会主义社会，怎么还会出现这么多问题呢？而对于这些新情况和新问题，全党既没有思想准备，也没有经验。一些干部仍习惯于按照革命时期的经验办事，用处理敌我矛盾的办法，导致矛盾激化。如何认识和处理社会主义社会的矛盾这个新的课题摆在了中国共产党人面前。

毛泽东始终高度关注1956年发生的这一连串国际国内重要事件。对于社会主义改造基本完成后出现的这些新情况、新问题，毛泽东运用矛盾学说来解释，创造性地提出了关于人民内部矛盾的科学理论。

在他看来，处理好人民内部矛盾，是指导全局工作，解决国内政治、经济、文化思想等领域的一切问题的总方针。他指出：在我们的面前有两类社会矛盾，这就是敌我矛盾和人民内部矛盾，这是性质完全不同的两类矛盾，处理这两类矛盾的方法也不同。用专政的方法解决敌我矛盾，而对人民内部矛盾只能用民主的方法去解决，用讨论的方法、批评的方法、说服教育的方法去解决。毛泽东还结合中国当时的情况，提出了一系列处理人民内部矛盾的方针，概括地讲，即团结—批评—团结的公式。具体地说，包括在经济方面实行统筹安排和兼顾国家、集体、个人三者利益的方针，在科学文化工作中贯彻"百花齐放、百家争鸣"的方针，在与民主党派关系上实行"长期共存、互相监督"的方针，以及要团结、教育知识分子，搞好民族团结，等等，这些方针到今天也还是适用的。

在中国社会矛盾发生急剧变化，国际社会处于多事之秋之际，《关于正确处理人民内部矛盾的问题》，是中国共产党在全面建设社会主义阶段开始后，探索中国社会主义建设道路的一个重要收获，是对马克思主义的科学社会主义理论的重要丰富和发展。其理论贡献至少有三个方面：一是第一次提出社会主义社会还存在矛盾，矛盾是社会主义发展的动力，这是对斯大林认为社会主义社会没有矛盾理论的重要纠正和发展。斯大林在苏联宣布进入社会主义社会后，就认为社会主义社会没有内部矛盾了，只有外部的矛盾。直到晚年才在《苏联社会主义经济问题》一书里承认生产关系与生产力之间是有矛盾的，但没有说到其他方面。毛泽东批评斯大林在这个问题上缺乏辩证法，是个羞羞答答的辩证法，或者叫吞吞吐吐的辩证法。二是第一次阐述社会主义社会存在两种不同性质的矛盾以及严格区分和正确处理两类不同性质的矛盾，详细阐明了处理人民内部矛盾的一系列方针。三是提出了哪些是人民内部矛盾的问题，把正确处理人民内部矛盾作为国家政治生活的主题。

如果说《论十大关系》着重阐述了怎样使中国更强大的正确道路的话，《关于正确处理人民内部矛盾的问题》则着重阐述了如何使中国更加可亲的正确道路。建设一个强大而又可亲的社会主义中国，是毛泽东毕生的理想和愿望。

新民主主义革命的胜利，社会主义基本制度的建立，为当代中国一切发展进步奠定了根本的政治前提和制度基础。这里所说的"奠基"，主要包括三个方面：一是奠定了制度基础，如人民代表大会制度，共产党领导的多党合作和政治协商制度，民族区域自治制度等；二是奠定了物质基础，初步建立起一个独立的比较完整的工业体系和国民经济体系，特别是在国防尖端科技方面取得了突破性进展；三是确定马克思主义作为我们党和国家的根本指导思想，继续推进马克思主义中国化的道路。毛泽东思想中的实事求是、群众路线、独立自主的活的灵魂，已经深深地融入到中华民族的血液之中，成为中国人想问题、办事情的基本准则和方法。正如毛泽东在革命胜利前所预言的，建设的道路更长、更艰苦。为了找到一条中国式的社会主义建设道路，以毛泽东为核心的第一代中央领导集体作了大量艰辛的探索。这一探索取得了很多重要理论成果，积累了宝贵经验。《论十大关系》、《关于正确处理人民内部矛盾的问题》，等等，至今仍让人感受到那一代共产党人独立自主的创造才华。除论十大关系和正确处理人民内部矛盾思想之外，还提出过很多重要的思想和观点。比如把社会主义分为不发达的社会主义和发达的社会主义两个阶段，分两步实现四个现代化的思想，以农业为基础的思想，承认和自觉地遵守价值规律，大力发展商品生产，永远不要剥夺农民的思想，等等。

毛泽东的一生做了两件大事。第一件大事是，领导党和人民推翻了帝国主义、封建主义和官僚资本主义的统治，完成了新民主主义革命的任务。第二件大事是，以具有中国特色的方法完成了社会主义改造，建立起了社会主义制度，并努力探索中国的社会主义建设道路。毛泽东是中国建设社会主义的开创者。

（二）改革开放，转变经济体制

1. 解放思想实事求是——改革探索的新起点

1978年，"中国道路"迎来了一个新的起点。这一年中国共产党召开十一届三中全会，果断停止使用"以阶级斗争为纲"的口号，全党全国工作的重心转移到经济建设上来。

十一届三中全会，开启了改革开放的历史新时期，而历史新时期的大门又是通过一场大讨论打开的。在文献上，这场大讨论的正式名称是真理标准问题讨论，或实践是检验真理的唯一标准问题讨论。由此引起了长达数月之久的争论，常识问题都需要争论，可见思想之僵化。这一争论在邓小平的领导和大力支持下迅速突破，同时邓小平也受到极大的触动。不解放思想，不打破思想的禁锢，一切将无从谈起。

　　这次会议留下的最重要的历史文献，是邓小平在为这个会议作准备的工作会议上的讲话，题为《解放思想，实事求是，团结一致向前看》。他指出："首先是解放思想"，"一个党，一个国家，一个民族，如果一切从本本出发，思想僵化，迷信盛行，那它就不能前进，它的生机就停止了，就要亡党亡国。"这篇著名的讲话，后来被誉为是开辟新时期新道路、开创建设有中国特色社会主义新理论的宣言书。十一届三中全会在当时和对后来影响最大的也是这篇讲话，这篇讲话也成为人们公认的开启中国改革开放新时期的标志。

　　就是从这时起，中国开启了以改革开放为鲜明标志的伟大历程。今天再来看这篇文献，它最重要的作用是恢复了党的实事求是的思想路线，解放了人们的思想，促使人们大胆地思考问题，大胆地进行改革尝试。

在当时的中国，最需要重新思考和探索的是什么呢？就是什么是社会主义，怎样建设社会主义。

根据马克思的描述，社会主义是个美好的社会，是比资本主义更高级的社会发展阶段。但是，中国的社会主义在实践中搞了二十几年，人民生活还是很贫困。这就说明我们过去的做法是有缺陷的。

十年"文化大革命"，中国的社会主义探索走入了死胡同。政治动乱，思想、体制僵化，人民生活改善缓慢，中国与世界发达国家的差距越拉越大。到底什么是社会主义？中国怎么搞社会主义？

邓小平认为，我们要搞的是真正体现社会主义本质、比资本主义有优越性的社会主义。他还认为，马克思主义为我们奠定了理论基础和前进方向，但并没有对怎样搞社会主义提供现成的具体答案。真正的马克思主义者应该根据现在的实际，从时代条件和国情出发，探索社会主义建设的具体道路。照搬书本和别国的经验从来是不能成功的，革命和建设都要走自己的路。

思想的解放，推动了全党工作重心的转移，推动了历史遗留问题的解决。十一届三中全会以后，我们实行了一系列改革开放的新政策，有力地推动了经济的发展和社会的进步。

2. 建设中国特色社会主义——首先要发展生产力

1982年，在中国共产党第十二次全国代表大会的开幕词中，邓小平对这个问题有了成熟的想法和清楚的表达："把马克思主义的普遍真理同我国的具体实际结合起来，走自己的道路，建设有中国特色的社会主义，这就是我们总结长期历史经验得出的基本结论。"

"建设有中国特色的社会主义"，"中国道路"从此有了一个自信而响亮的名字。

沿着这样一条道路我们首先应该做些什么呢？当时的中国最具体、最严峻的实际，如果用一个字来表达，就是"穷"，也就是经济不发达，生产力落后。因此，邓小平的思考首先从这里破题。翻阅1980年4至5月间邓小平的多次谈话，围绕的是同一个主题：社会主义首先要发展生产力。

中国经济现代化的实现离不开生产力水平的提高。作为伟大的马克思主义者，邓小平很早就指出："社会主义阶段的最根本任务就是发展生产力。"从某种意义上讲，建国初期邓小平著名的"猫论"就是对生产力问题重要性的较早描述，但很遗憾未能得到足够的重视，在"文革"期间更是被冠以"唯生产力论"加以批判。

邓小平指出，"过去只讲在社会主义条件下发展生产力，没有讲还要通过改革解放生产力，不完全。应该把解放生产力和发展生产力两个讲全了。"提出社会主义社会还有解放生产力的任务，邓小平是第一人。邓小平还创造性地丰富和发展了生产力发展动力学说，邓小平认为："推翻帝国主义、封建主义、官僚资本主义的反动统治使中国人民的生产力获得解放，这是革命，所以革命是解放生产力。社会主义基本制度确立以后，还要从根本上改变束缚生产力发展的经济体制，建立起充满生机和活力的社会主义经济体制，促进生产力的发展，这是改革，所以改革也是解放生产力。"邓小平提出"改革也是解放生产力"的科学论断，突破了革命解放生产力的定论，为社会主义条件下生产力的解放和发展找到了一条新途径。

邓小平还指出："不解放思想不行，甚至于包括什么叫社会主义这个问题也要解放思想。经济长期处于停滞状态总不能叫社会主义。人民生活长期停止在很低的水平总不能叫社会主义"，"讲社会主义，首先就要使生产力发展，这是主要的"，反映了邓小平对社会主义本质问题的思考，极大地加深了人们对什么是社会主义，在中国怎样建设社会主义问题的认识。

3. 改革是解放和发展生产力的必由之路

社会主义首先要发展生产力，为了发展生产力，我们尝试过各种办法，政治运动的办法，"大跃进"的办法，"抓革命、促生产"的办法，都不行。鉴于深刻的历史教训，邓小平另辟蹊径，大胆地推进改革开放。邓小平说："如果现在再不实行改革，我们的现代化事业和社会主义事业就会被葬送。"

面临国际和国内的强大阻力，作为第三世界后发展国家的中国，经济现代化之路困难重重。邓小平敏锐地意识到中国现代经济"关起门来搞建设是不行的，是发展不起来的"，他在深刻反思我国20世纪六七十年代后逐渐走向自我封闭的历史教训的基础上，准确把握世界经济全球化的趋势，从中国的实际出发，创造性地提出了一系列改革开放的理论与思想，第一次比较系统地初步回答了中国这样经济文化比较落后的国家如何实现经济现代化的问题。邓小平认为，中国的经济改革是"摸着石头过河"，是一项十分复杂而艰巨的系统工程，涉及每个人的切身利益。那么如何使经济体制改革既能顺利进行，又能保证我国国民经济持续、稳定、健康、协调的发展呢？邓小平睿智地指出，"看准了的就大胆地试，大胆地闯。"

十一届三中全会后，中国首先在农村进行了经济体制改革，实行"家庭联产承包责任制"，允许农民有更多的经营管理权，农民的生产积极性大大提高了，有的农村一年翻了身，有的两年翻了身，迅速摆脱了贫困状态。

在农村改革取得突破的同时，按照邓小平的设计，对外开放和经济特区建设也"杀出一条血路"，在利用境外资金和技术加快经济建设方面取得了重大成就。

在一些地方，个体、私营经济和乡镇企业的出现，使僵硬的计划经济体制打开了一个缺口，原有的国营企业也开始放权让利，进行承包经营等多方面的改革。

一系列改革开放的实践，使20世纪80年代初期的中国呈现出蓬勃的生机。改革开放试验的成功，加深了中国共产党人对"中国道路"，对在中国怎样建设社会主义问题上的认识。

1985年，邓小平发表了这样的谈话——《改革是中国发展生产力的必由之路》。也是在这一年，在党的全国代表会议上，邓小平信心满怀地指出："改革促进了生产力的发展，引起了经济生活、社会生活、工作方式和精神状态的一系列深刻变化，改革是社会主义制度的自我完善。在一定的范围内也发生了某种程度的革命性变革。这是一件大事，表明我们已经开始找到了一条建设有中国特色的社会主义的路子。"

改革开放是强国之路，是中国经济发展进步的活力源泉。改革开放作为我们党在新的时代条件下带领人民进行的新的伟大革命，极大地解放和发展了社会生产力，冲破了束缚生产力发展的体制障碍，推动了社会主义市场经济体制的建立，形成了对外开放的全新格局，打开了我国经济、政治、文化、社会全面发展的崭新局面。事实雄辩地证明，改革开放是决定当代中国命运的关键抉择，是发展中国特色社会主义、实现中华民族伟大复兴的必由之路；只有社会主义才能救中国，只有改革开放才能发展中国、发展社会主义、发展马克思主义。

4. 坚持四项基本原则——立国之本

但正当我们加快改革步伐，朝着现代化的目标迈进时，"中国道路"却受到了来自另一方面的干扰和冲击。

改革开放之初，社会上出现了空前的思想活跃局面。但在纠正"左"的错误倾向时，也出现了右的倾向。社会上极少数人片面夸大党在历史上的失误，散布种种怀疑或否定社会主义制度、否定人民民主专政、否定党的领导、否定马列主义毛泽东思想的言论。邓小平认为必须对这种思潮进行反击，否则，人们没有统一的理想、信念，中国社会就可能再次陷入混乱。

为了保证我们的目标和步骤不受干扰和冲击，1979年3月30日，邓小平在党的理论工作务虚会上提出了必须坚持的四项基本原则。即要在中国实现四个现代化，必须坚持社会主义道路，坚持无产阶级专政，坚持共产党的领导，坚持马列主义、毛泽东思想。

此后，邓小平反复论述和强调坚持四项基本原则，反对资产阶级自由化的道理。特别是在东欧剧变和苏联解体后，他多次谈到：四项基本原则，我们绝不会放弃。没有这"四个坚持"，特别是党的领导，什么事情也搞不好，会出问题。出问题就不是小问题。如果走东欧这条路，中国就完了。

1987年，中国共产党第十三次全国代表大会根据邓小平的思想，提出并阐述了社会主义初级阶段的理论，指出在这一历史阶段，为了摆脱贫穷和落后，必须把发展生产力作为全部工作的中心。在这次代表大会上，邓小平的理论和他领导开辟的道路被高度概括为三句话：以经济建设为中心，坚持四项基本原则，坚持改革开放。后来，我们进一步把它简称为"一个中心，两个基本点"。这一内容被写入《中华人民共和国宪法》和《中国共产党章程》，成为中国共产党和中国人民在社会主义初级阶段必须长期坚持的基本路线，这也成为"中国道路"最基本的内涵。

5. 稳定压倒一切

邓小平多次强调在中国保持稳定的重要性，强调要保持"安定团结"的政治局面。

"文革"结束后不久，鉴于"文革"十年动乱的深刻教训，邓小平指出一定要坚决肃清"文革"思想的影响，拨乱反正，清除干部队伍中的打、砸、抢分子，保持政治、社会局面的稳定。他积极支持对真理标准问题的讨论，果断提出停止使用"以阶级斗争为纲"的错误口号。1978年11月底，他在听取北京市委负责人的汇报时强调，中央的路线就是安定团结，稳定局势，搞社会主义现代化。安定团结是实现四个现代化的必要政治条件，不能破坏安定团结的局面，"中国人民吃够了十多年来动乱的苦头。动乱一下，就耽误好多事，不是三年五年能恢复起来的，动不得，乱不得啊！"

20世纪80年代中期，由于改革开放政策的确定与付诸实施，使得这一时期成为建国以来中国经济发展较快的时期之一，同时也是新旧观念、矛盾与利益冲突较多的时期，因而随之产生了一些影响政治稳定的因素，如资产阶级自由化思潮的出现及其蔓延。对此，邓小平反复强调要进行抵制和反击。他指出"反对资产阶级自由化，我讲得最多，而且我最坚持……自由化实际上就是要把我们中国现行的政策引导到资本主义道路上去……搞自由化，就会破坏我们安定团结的政治局面"，为此，他提出了"两手抓"，"两手都要硬"的思想。

20世纪80年代后期到90年代初期，一方面由于改革向纵深推进，对原有体制的冲击程度进一步加大，另一方面由于某些改革步子迈得过快，经济发展出现过热现象。在这种情况下，邓小平又一次旗帜鲜明地指出："中国的问题，压倒一切的是需要稳定。没有稳定的环境，什么都搞不成，已经取得的成果也会丢掉。"

通过以上分析可以看出，邓小平把稳定看作压倒一切的大问题，看作社会和谐的重要保障，主要是基于两点考虑：一是"文化大革命"的深刻教训，人心混乱、社会不稳，和谐就无从谈起；二是改革发展的现实需要，没有稳定的环境，什么事都搞不成，社会和谐就失去了经济基础和政治保障。

6. "南方谈话"——中国特色社会主义理论的形成

20世纪80年代末90年代初，苏联解体、东欧剧变，社会主义运动陷入空前的低谷。"中国道路"的发展来到了一个十字路口。中国将向何处去？中国的改革还要不要继续？

中国共产党人面前摆着三条路：一条是社会主义垮台的路，苏联、东欧等一些社会主义国家的党走的就是这样的路；一条是往回走的倒退路，一些人看来，似乎社会主义垮台是改革开放导致的，坚持社会主义就得回到改革开放以前的路；另一条是坚持改革开放的新路不动摇。

就是在这样一个国际国内严峻政治考验的重大历史关头，邓小平开始了他的南方之行。

1992年1月18日至2月21日，邓小平先后视察武昌、深圳、珠海、上海等地，集中发表了他对一些重大问题的看法。

他指出:"中国只要不搞社会主义,不搞改革开放、发展经济,不逐步地改善人民生活,走任何一条路,都是死路。"

在南方谈话中,邓小平对社会主义的本质进行了集中概括:"社会主义的本质,是解放生产力,发展生产力,消灭剥削,消除两极分化,最终达到共同富裕。"围绕这一本质,他为改革开放实践划定了一个尺度、方向和标准,即判断一项政策是不是社会主义的,应该主要看是否有利于发展社会主义社会的生产力,是否有利于增强社会主义国家的综合国力,是否有利于提高人民的生活水平。由此出发,邓小平对长期困扰和束缚人们思想的一系列重大的认识问题进行了回答,进而极大地解放了人们的思想,推动了中国改革的进程。邓小平说:"改革开放迈不开步子,说来说去就是怕资本主义的东西多了,走了资本主义道路,要害是姓'资'还是姓'社'的问题。判断的标准,应该主要看是否有利于发展社会主义社会的生产力,是否有利于增强社会主义国家的综合国力,是否有利于提高人民的生活水平。"这就把人们的思想认识从纯粹的"姓社姓资"之争的泥潭中拯救出来了。

南方谈话是对改革开放十多年历史经验的总结,也是邓小平理论发展成果的集中体现。在历史的关口处，邓小平以他的胆识、睿智、远见和阅历，对什么是社会主义，怎样建设社会主义这一历史性课题作出了明确而深刻的回答，大大深化了人们对中国特色社会主义道路的认识。全党和全国人民更加清楚地看到，只有沿着中国特色社会主义道路走下去，国家民族才有希望，才有前途，别的道路都是死路。

南方谈话，包括邓小平的其他著作，始终贯穿着一条主线，就是解放思想、实事求是，既坚持马克思主义，又发展马克思主义。邓小平关于社会主义初级阶段的理论，关于社会主义本质的概括，关于社会主义也可以搞市场经济的思想，关于"三个有利于"的标准，都是根据马克思主义基本原理，同时又结合中国的实际而提出来的，丰富和发展了马克思主义，开辟了马克思主义中国化的新境界。因此，以邓小平为核心的党的第二代中央领导集体开辟中国特色社会主义道路的过程，也是一个不断推进马克思主义中国化的进程。

邓小平的理论和著作深刻地影响了当代中国的历史进程。但他从不迷信自己的著作，从不把自己的理论当作不变的教条。1981年，他在英文版《邓小平副主席文集》的序言中曾这样写道："如果有一天这些讲话失去重新阅读的价值，那就证明社会已经飞快地前进了，那有什么不好呢？"

的确，社会在飞快地发展。20世纪的最后十年，世界正发生着剧烈而深刻的变化。经济全球化，政治格局多极化，以信息网络技术为主要标志的新科技革命迅猛发展，使得整个世界充满了变数。世界潮流浩浩荡荡，顺之者昌，逆之者亡。如何顺时应变成为中国共产党和中国人民需要考虑的重大问题。

7. 从十四大到十五大——中国特色社会主义道路的开拓创新

当第三代中央领导集体走上政治舞台时，中国的改革开放已经走过了十多年的历程，但经济体制改革依然没有一个明确的目标。如何处理计划与市场的关系，成为中国特色社会主义道路上必须逾越的关卡。

1991年，中国共产党迎来了自己的70岁生日。在庆祝大会的讲话中，江泽民指出："计划和市场，作为调节经济的手段，是建立在社会化大生产基础上的商品经济发展所客观需要的，因此在一定范围内运用这些手段，不是区别社会主义经济和资本主义经济的标志。"这是中共中央领导人第一次公开阐明：市场和计划都是手段，并不是社会主义和资本主义的根本区别。

在邓小平理论的指导下，以江泽民为核心的第三代中央领导集体更加大胆地进行实践探索和理论创新。1992年6月9日，江泽民在中共中央党校省部级干部进修班的讲话中指出："加快经济体制改革的根本任务，就是要尽快建立社会主义的新经济体制，而建立新经济体制的一个关键问题，是要正确认识计划与市场问题及其相互关系，就是要在国家宏观调控下，更加重视和发挥市场在资源配置上的作用。"对当时社会上关于新经济体制的几种说法，江泽民则表示："我个人的看法，比较倾向于使用'社会主义市场经济体制'这个提法"，并建议党的十四大把建立社会主义市场经济体制作为经济体制改革的目标模式。

1992年，在中国共产党第十四次全国代表大会上，江泽民提出了建立社会主义市场经济体制的改革目标："我国经济体制改革确定什么样的目标模式，是关系整个社会主义现代化建设全局的一个重大问题。实践的发展和认识的深化，要求我们明确提出，我国经济体制改革的目标是建立社会主义市场经济体制，以利于进一步解放和发展生产力。"

党的十四大报告对"中国道路"来说具有里程碑式的意义。它突破了这条道路上最主要的障碍，使这条道路变得更加宽阔、更加畅通。

在"中国道路"的探索历程中，十四大报告是一篇具有里程碑意义的重要文献。它确立了建立社会主义市场经济体制的改革目标，实现了改革开放和现代化建设的历史性突破。

从东方到西方，在很长一段时期内，市场经济被视为资本主义特有的东西，计划经济才是社会主义经济的基本特征，计划经济和市场经济被当成是社会主义和资本主义区别的一个根本标志。联合国统计上的分类，也一度把中央计划经济的国家等同于社会主义国家，而把市场经济国家等同于资本主义国家。

从计划经济转到市场经济，是一场革命性的变革。而把"社会主义"与"市场经济"结合在一起，更是前无古人的全新事物，超越了传统的社会主义经济模式，也突破了西方传统政治经济学理论。由此，这一经济体制也成为"中国道路"一个最鲜明的特色。

从高度集中的计划经济到以计划经济为主、市场调节为辅，从有计划的商品经济到计划经济与市场调节相结合，在经历了14年的探索之后，中国经济体制改革终于理直气壮地找到了自己的目标。

什么是社会主义市场经济？江泽民在党的十四大报告中对此作了明确阐述："社会主义市场经济体制是同社会主义基本制度结合在一起的。""我们要建立的社会主义市场经济体制，就是要使市场在社会主义国家宏观调控下对资源配置起基础性作用，使经济活动遵循价值规律的要求，适应供求关系的变化。"

社会主义加市场经济，两种优势的叠加、碰撞、融合，释放出了巨大的能量，推动着中国的快速发展。我们搞市场经济绝不是搞资本主义，必须坚持社会主义方向。

但是在建立社会主义市场经济体制的过程中，公有制经济开始出现不同的形式，应该怎样看待？非公有制经济快速发展、比重增加，对它们的发展应该持什么态度？对这些问题的回答，涉及对社会主义初级阶段基本经济制度的重新认识，和对"中国道路"在经济建设上新的设计。

1997年，江泽民在党的十五大报告中集中地回答了这些问题：

党的十五大报告是"中国道路"上又一个里程碑式的文献。把公有制为主体、多种所有制经济共同发展，确定为我国社会主义初级阶段的一项基本经济制度，丰富了社会主义经济体制的内涵，加深了我们对怎样搞社会主义的认识，是马克思主义基本原理在当代中国的坚持、运用和发展。社会主义市场经济体制和社会主义初级阶段基本经济制度的确立，扫除了中国发展道路上的体制机制障碍。

在建立社会主义市场经济体制的历程中，党的十五大报告无疑又是一份具有里程碑意义的重要文献。它确立了社会主义初级阶段的基本经济制度，实现了所有制理论的重大突破。理论界有人称之为中国改革开放的第三次思想解放。

马克思主义中国化不是去马克思主义化，理论创新不是要离开马克思主义。十五大报告在所有制理论上的新突破，既使全党摆脱了思想束缚，接受了不同的所有制，又没有放弃马克思主义和社会主义，实际上提出了对马克思主义和社会主义的新理解，这正是我们坚持提"有中国特色的社会主义市场经济"的原因。

2001年11月10日，多哈当地时间18时39分，随着世界贸易组织第四次部长级会议主席卡迈勒手中的一声槌响,中国正式成为世贸组织的成员。这是世界对中国社会主义市场经济体制的一种认可,也标志着经过10年探索,社会主义市场经济体制在社会主义中国初步建立起来了。

(三)转变经济发展方式

1. "三个代表"重要思想——开辟了马克思主义发展的新境界

2001年7月1日,中国共产党迎来了80华诞。在庆祝建党80周年大会上,江泽民发表了重要讲话,后来人们习惯上称之为七一讲话。

这是一篇非同寻常的讲话,奠定这篇讲话重要历史地位的,是它对"三个代表"重要思想的全面阐述,是对党和国家改革发展的一系列重大问题的新回答、新观点、新论断。这是在"中国道路"上留下深刻印迹的一篇重要文献。

七一讲话,阐明了"三个代表"重要思想的内涵,对代表中国先进生产力的发展要求、代表中国先进文化的前进方向、代表最广大人民的根本利益在当前的具体内涵作了精辟阐述。集中回答了中国特色社会主义实践中提出的一系列重大问题,提出了许多重要的新思想、新观点、新论断。

我们党要始终成为中国工人阶级先锋队，同时成为中国人民和中华民族的先锋队；我们是最低纲领与最高纲领的统一论者；最大多数人的利益是最要紧和最具有决定性的因素；促进人的全面发展；绝不允许形成既得利益集团；我国新的社会阶层中的广大人员，也是有中国特色社会主义事业的建设者；不能简单地把有没有财产、有多少财产当作判断人们政治上先进与落后的标准，等等。一系列的新思想、新观点，既坚持了马克思主义的基本原理，又说出了老祖宗没有说过的新话，根据新的形势进一步明确了党的性质、宗旨、目标和动力。这些新思想、新观点付诸实践，增强了党的阶级基础，扩大了党的群众基础和社会影响力。在世界上一些长期执政的大党老党因不适应形势变化纷纷下台时，中国共产党及其引领的"中国道路"以崭新的面貌进入了新世纪。"三个代表"重要思想反映了当代世界和中国的发展变化对党和国家工作的新要求，成为以江泽民为核心的第三代中央领导集体全部理论创新的象征和灵魂。

2002年，中国共产党迎来了新世纪的第一次全国代表大会——十六大。十六大的主题是：高举邓小平理论伟大旗帜，全面贯彻"三个代表"重要思想，继往开来，与时俱进，全面建设小康社会，加快推进社会主义现代化，为开创中国特色社会主义事业新局面而奋斗。

这次大会把"三个代表"重要思想同马克思列宁主义、毛泽东思想、邓小平理论一道确立为我们党必须长期坚持的指导思想。江泽民在大会上的报告中，进一步阐明了贯彻"三个代表"重要思想的根本要求，强调关键在坚持与时俱进，核心在坚持党的先进性，本质在坚持执政为民。关键、核心、本质这三句话，从哲学的高度，把贯彻"三个代表"的根本要求动态化、规律化了，抓住了要害。先进性是中国共产党的生命所系、力量所在。这是核心。但是，党的先进性又是历史的、具体的，不同的时代对党的先进性有不同的要求。比如古田会议决议提出的党员条件里，有不发洋财、不吃鸦片、不赌博的规定，那个年代只要不怕牺牲、艰苦奋斗就是先进的，今天这就远远不够了。所以，要保持党的先进性，关键在于与时俱进。与时俱进地保持党的先进性，归根结底还是为了更好地执政为民，这是本质。

报告深刻分析了我们党和国家面临的新形势新任务，科学地作出了新世纪头20年是我国一个重要战略机遇期的重大判断，提出了全面建设小康社会的奋斗目标。经济更加发展，民主更加健全，科教更加进步，文化更加繁荣，社会更加和谐，人民生活更加殷实。这是一个推进社会全面发展和人的全面发展的目标，充分体现了实践"三个代表"重要思想的要求。

面向新世纪新阶段，有了科学理论的指导和宏伟蓝图的激励，全党和全国人民更加满怀信心地把中国特色社会主义事业全面推向前进。

与时俱进的中国共产党，在第十六次全国代表大会上实现了领导集体的平稳过渡和顺利交接。胡锦涛当选为中共中央总书记。在中国即将开始全面建设小康社会新的征程时，人们希望看到中共新一届中央领导集体的执政风格和"中国道路"的走向。

2003年7月1日，胡锦涛总书记在"三个代表"重要思想理论研讨会上指出："'三个代表'重要思想反映了我国最广大人民的共同意愿，体现了当今世界和中国发展的时代精神，显示了马克思主义科学理论的强大力量，是全党全国人民在新世纪新阶段团结奋斗的共同思想基础。'三个代表'重要思想的形成，表明我们党对共产党执政规律、社会主义建设规律和人类社会发展规律的认识，达到了新的理论高度，开辟了马克思主义发展的新境界。"

2. 科学发展观——中国模式的科学内涵

2003年7月28日，全国防治非典工作会议在北京召开，在这次会议上，胡锦涛对发展观的问题第一次进行了正面阐述："发展绝不只是指经济增长，而是要坚持以经济建设为中心，在经济发展的基础上实现社会全面发展。我们要更好地坚持全面发展、协调发展、可持续发展的发展观，更加自觉地坚持推动社会主义物质文明、政治文明和精神文明协调发展，坚持在经济社会发展的基础上促进人的全面发展，坚持促进人与自然的和谐。"全面发展、协调发展、可持续发展。一个新的发展观的雏形，就这样呈现在了全党和全国人民面前。

2003年，十六届三中全会上，"以人为本"作为科学发展观的核心概念被确立下来。把"以人为本"写进了《中共中央关于完善社会主义市场经济体制若干问题的决定》，这是"以人为本"这一概念第一次被写入党的正式文件。党中央将这一发展观正式命名为科学发展观。新的发展观从此有了正式的名称，我们对发展问题的探索由此进一步走向深入。这次会议通过的决议，将坚持以人为本，树立全面、协调、可持续的发展观确立为改革和建设的重要指导方针和原则。从这时起，"以人为本"成为"中国道路"上的又一个关键概念。

也就是在这次会议上，中共中央向全国人大提出了《关于修改宪法部分内容的建议》，其中一条就是建议将"国家尊重和保障人权"写入宪法。这对于推动我国人权事业和社会全面进步具有十分重要的意义，是科学发展观"以人为本"的一个重要体现。由此也可以看出"以人为本"在科学发展观中的地位。

"以人为本"的提出，使科学发展观得到极大充实和提升。它使新的发展思路与我们党的性质和宗旨、党的执政理念和要求内在地联系在一起，赋予这种新的发展理念更加鲜明的人民性、科学性和时代性。

一个国家，只有当她的人民获得了与现代化发展相适应的现代性，才可以真正称之为现代化的国家。"以人为本"这一理念的提出，为我们提供了一种全新的思想方法，为科学发展观奠定了坚定的理论基石。

科学发展，和谐发展，和平发展。科学发展观提出以来，其内容在实践基础上不断丰富，它的一些关键词汇，比如：以人为本，加快转变经济发展方式，建设社会主义新农村，建设创新型国家，建设社会主义核心价值体系，构建社会主义和谐社会，建设生态文明，推动建设和谐世界，等等，正在日益成为影响中国人的思维方式、中国的决策以至"中国道路"未来走向的重大战略思想。

2007年10月15日，党的十七大召开，胡锦涛在会上作了题为《高举中国特色社会主义伟大旗帜，为夺取全面建设小康社会新胜利而奋斗》的报告，明确指出："在新的发展阶段继续全面建设小康社会、发展中国特色社会主义，必须坚持以邓小平理论和'三个代表'重要思想为指导，深入贯彻落实科学发展观。科学发展观，第一要义是发展，核心是以人为本，基本要求是全面协调可持续，根本方法是统筹兼顾。"

胡锦涛在十七大报告中用四句话，40个字，对科学发展观的科学内涵、精神实质、根本要求进行了集中概括，贯通了科学发展观各个概念之间的关系。这四句话，40个字，贯穿了整个十七大报告。报告中关于中国特色社会主义事业的战略部署，就是从不同角度对这四句话的发挥和展开。

科学发展观，是立足社会主义初级阶段基本国情，总结我国发展实践，借鉴国外发展经验，适应新的发展要求提出来的。它是对党的三代中央领导集体关于发展的重要思想的继承和发展，是马克思主义关于发展的世界观和方法论的集中体现，是同马克思列宁主义、毛泽东思想、邓小平理论和"三个代表"重要思想既一脉相承又与时俱进的科学理论，是我国经济社会发展的重要指导方针，是发展中国特色社会主义必须坚持和贯彻的重大战略思想。

科学发展观的提出，使中国的发展道路更加明确了。也就是在这个时候，世界上开始了关于"中国道路"的讨论。这看起来是巧合，其实有着内在的逻辑。实践上的辉煌成就，理念上的独特魅力，必然使中国的发展道路引起世界的关注。

科学发展观，为我们在新的历史起点上发展中国特色社会主义指明了方向。为了深入贯彻落实科学发展观，党的十七大对社会主义建设事业进行了全面部署，提出了实现全面建设小康社会奋斗目标的新要求。

科学发展的理念已经深入人心，走科学发展的道路已经成为全党的共识。持续的开拓、积累和创新，使中国共产党对"什么是马克思主义，怎样对待马克思主义"、"什么是社会主义，怎样建设社会主义"、"建设什么样的党，怎样建设党"、"实现什么样的发展，怎样发展"等重大问题的认识越来越清楚，从而为"中国道路"奠定了坚实的理论基础。通过科学发展观这个马克思主义中国化新的理论成果，中国人民对自己追求的目标、遵循的原则、思想的方法，以及对中国未来的发展前景更加明晰，更加充满信心。

随着这条道路的不断开拓和发展，作为领路人的中国共产党，愈加感到道路问题的重要性，更加重视对自己走的这条道路的总结和概括。胡锦涛说："道路问题是关系党的事业兴衰成败第一位的问题，道路就是党的生命，道路就是党的事业的命脉。我们党领导的革命、建设、改革事业都经历了寻找正确道路的艰难过程。"

在党的十七大报告中，胡锦涛用"三个永远铭记"，让人们记住了几代中国共产党人为开拓这条道路作出的贡献。同时，对中国特色社会主义道路作出了完整的概括："中国特色社会主义道路，就是在中国共产党领导下，立足基本国情，以经济建设为中心，坚持四项基本原则，坚持改革开放，解放和发展社会生产力，巩固和完善社会主义制度，建设社会主义市场经济、社会主义民主政治、社会主义先进文化、社会主义和谐社会，建设富强民主文明和谐的社会主义现代化国家。"

十七大报告中还指出，科学发展观是借鉴国外发展经验，适应新的发展要求提出来的。借鉴国外发展经验这句话很重要，说明了这一理论更广阔的时代背景。20世纪中期以后，随着工业化的发展，带来的问题也越来越多，人们也开始反思发展的问题。1972年，罗马俱乐部发表的《增长的极限》提出：人类赖以生存的空间和资源是有限的，地球消化吸纳污染的能力也是有限的。20世纪80年代有了可持续发展的概念。随后，一些学者和国际组织提出，发展的目的在于满足人的需要，提高人的福祉。因此，实现以人为本的可持续发展，也是人类进步文化的潮流。结合金融危机之后低碳经济时代的来临，再来看科学发展观，它不仅顺应了时代潮流，甚至可以说领先了时代潮流。

党的十七大对科学发展观作了理论定位，指出：科学发展观是对党的三代中央领导集体关于发展的重要思想的继承和发展，是马克思主义关于发展的世界观和方法论的集中体现，是同马克思列宁主义、毛泽东思想、邓小平理论和"三个代表"重要思想既一脉相承又与时俱进的科学理论，是我国经济社会发展的重要指导方针，是发展中国特色社会主义必须坚持和贯彻的重大战略思想。

与此同时，十七大报告把新时期的理论创新成果进行整合，提出了中国特色社会主义理论体系的概念，进一步明确了科学发展观与马克思主义中国化理论创新成果一脉相承的关系，同时加深了人们对中国特色社会主义理论和道路的理解。

十七大以后，国内外开始了关于中国模式、"中国道路"的热议。

环顾全球，曾经成功启动现代化进程的国家不少，但真正能够推动现代化进程持续不断进行下去，并最终获得成功的国家并不多。中国，这个具有五千年文明史的大国、古国，在从传统社会向现代社会、从农业社会向工业社会、从封闭型社会向开放型社会的飞速跨越中，走上了科学发展这一平稳快速的轨道。

以上提到的"中国道路"中的几种模式各不相同，彼此有着内在的承前启后的紧密联系，不可相互割裂和对立。

"中国道路"就是中国特色社会主义道路，这条道路是马克思、恩格斯关于经济文化落后国家可以"不通过资本主义制度的'卡夫丁峡谷'"直接过渡到以社会主义为核心的东方社会发展理论的成功范例，展示了马克思主义中国化的强大生命力。中国特色社会主义道路体现了人类社会发展规律是"自然史的过程"与特殊条件下的跨越、生产力决定作用与生产关系能动作用和历史活动主体选择的历史逻辑的统一。更为重要的是，中国特色社会主义道路改变了现代化的"单向趋同"，拓宽了民族国家走向现代化的途径，其理论体系正确回答了中国跨越"资本主义制度的'卡夫丁峡谷'"后"建设什么样的社会主义，怎样建设社会主义"主题，在世界现代史上创造了"中国道路"，从理论和实践两个层面丰富了马克思主义关于跨越"资本主义制度的'卡夫丁峡谷'"理论的内容，从而大大深化了对人类社会发展规律、社会主义建设规律和共产党执政规律的认识。

其科学涵义是要求把马克思主义的普遍真理同本国的具体实际结合起来，走适合中国特点的道路，逐步实现工业、农业、国防和科学技术现代化，把中国建设成为富强、民主、文明、和谐的社会主义国家，即一方面要坚持马克思主义的基本原理，走社会主义道路；另一方面必须从中国的实际出发，不照抄、照搬别国经验、模式，而是走自己的路，具有中国特色。中国共产党依据毛泽东倡导的马克思主义普遍真理同中国具体实际相结合的原则，总结长期探索所积累的经验，特别是十一届三中全会以来的实践，深刻地认识到建设中国社会主义的规律，在十二大提出"走自己的路，建设有中国特色的社会主义"的科学论断。党的十三大、十四大和十五大对这一论断形成了一系列科学观点，制定了一系列具体政策、措施。主要内容有：解放思想，实事求是，以实践作为检验真理的唯一标准；中国所要解决的主要矛盾是人民日益增长的物质文化需要同落后的社会生产之间的矛盾，党和国家的工作重点必须转移到以经济建设为中心的社会主义现代化轨道上来；建设社会主义有一个很长的初级阶段，社会主义社会的根本任务是发展生产力，集中力量实现现代化；实行社会主义市场经济；改革是社会主义社会发展的重要动力，对外开放是实现社会主义现代化的必要条件；使社会主义民主制度化、法律化，依法治国，改革和完善国家的政治体制和领导体制；加强社会主义精神文明的建设，坚持四项基本原则与坚持改革开放两个基本点要互相结合，缺一不可；坚持和完善人民代表大会制度和共产党领导的多党合作和政治协商制度；改善和发展社会主义民族关系，加强民族团结：用"一国两制"来解决国家统一问题；执政党的党风问题关系到党的生死存亡；反对帝国主义、霸权主义、殖民主义、种族主义，维护世界和平。

3. 十八大——转变经济社会发展方式的战略性纲领

2011年7月1日，中国共产党迎来了90华诞，胡锦涛发表了重要讲话，他站在历史和全局的高度，热情讴歌了我们党90年波澜壮阔的奋斗历程，系统总结了90年来党领导革命、建设和改革的宝贵经验，明确提出了新的历史条件下提高党的建设科学化水平的目标任务，深刻阐述了在新的历史起点上把中国特色社会主义伟大事业全面推向前进的大政方针。

胡锦涛在讲话中从"开辟中国特色社会主义道路"、"形成中国特色社会主义理论体系"、"确立中国特色社会主义制度"三个方面对中国共产党成立90年来的成就进行了新的表述，被专家简称为"三大成就"。中央党史研究室副主任曲青山说："把道路、理论体系和制度合到一起提出来，这是一个全新的判断和结论，也是我们党90年来所取得的一个最大的成就。"

胡锦涛在报告中首次提出党"确立了中国特色社会主义制度"，他说："经过90年的奋斗、创造、积累，党和人民必须倍加珍惜、长期坚持、不断发展的成就是：开辟了中国特色社会主义道路，形成了中国特色社会主义理论体系，确立了中国特色社会主义制度。"这具有极其重大的现实意义。90年来，中国共产党在实践中探索道路，将实践上升为理论，形成了中国特色社会主义理论体系，而"制度"恰恰是在"道路"和"理论体系"这二者基础上的固化。改革开放以来，无论是在党的建设上，还是在国家经济和社会建设上，中国共产党越来越注重制度建设。建设中国特色社会主义，最根本是要落实到一整套严密、完善的制度体系上。中国特色社会主义制度，是当代中国发展进步的根本制度保障，集中体现了中国特色社会主义的特点和优势。实践表明，中国特色社会主义制度所表现出的优越性体现在方方面面，比如承办奥运、应对重大自然灾害以及开展灾后重建等许多大事、难事。但这种制度不是一蹴而就的，而是在实践基础上不断探索、逐步建立起来的。中央党校原副校长李君如说："是中国共产党人坚持马克思主义，同时又把马克思主义与中国实际结合起来，坚持马克思主义中国化的过程中取得的三大成就。"

2012年11月8日，党的十八在北京人民大会堂隆重开幕。十八大是在我国进入全面建成小康社会决定性阶段召开的一次十分重要的大会。大会的主题是：高举中国特色社会主义伟大旗帜，以邓小平理论、"三个代表"重要思想、科学发展观为指导，解放思想，改革开放，凝聚力量，攻坚克难，坚定不移沿着中国特色社会主义道路前进，为全面建成小康社会而奋斗。党的十八大胜利召开，奠立了未来中国坚定不移沿着中国特色社会主义道路前进的总基调，确立科学发展观作为党的指导思想，并以科学发展观为统领提出经济建设、政治建设、文化建设、社会建设和生态文明建设"五位一体"的中国特色社会主义建设总体布局，提出"全面建成小康社会"的宏伟目标，十八大的政治报告已经成为我们党坚定不移高举中国特色社会主义旗帜，坚定中国特色社会主义道路、理论和制度的政治宣言和行动纲领。胡锦涛在报告中号召全党为夺取全面建成小康社会而努力奋斗，他谆谆嘱托："只要我们胸怀理想、坚定信念，不动摇、不懈怠、不折腾，顽强奋斗、艰苦奋斗、不懈奋斗，就一定能在中国共产党成立一百年时全面建成小康社会，就一定能在新中国成立一百年时建成富强民主文明和谐的社会主义现代化国家。"

在总结十年工作时，胡锦涛指出，我们紧紧抓住和用好我国发展的重要战略机遇期，战胜一系列重大挑战，奋力把中国特色社会主义推进到新的发展阶段。总结十年奋斗历程，最重要的就是我们坚持以马克思列宁主义、毛泽东思想、邓小平理论、"三个代表"重要思想为指导，勇于推进实践基础上的理论创新，围绕坚持和发展中国特色社会主义提出一系列紧密相连、相互贯通的新思想、新观点、新论断，形成和贯彻了科学发展观。科学发展观是马克思主义同当代中国实际和时代特征相结合的产物，是马克思主义关于发展的世界观和方法论的集中体现，对新形势下实现什么样的发展、怎样发展等重大问题作出了新的科学回答，把我们对中国特色社会主义规律的认识提高到新的水平，开辟了当代中国马克思主义发展新境界。科学发展观是中国特色社会主义理论体系最新成果，是中国共产党集体智慧的结晶，是指导党和国家全部工作的强大思想武器。科学发展观同马克思列宁主义、毛泽东思想、邓小平理论、"三个代表"重要思想一道，是党必须长期坚持的指导思想。

十八大强调要坚定不移地走中国特色社会主义道路，强调全党要增强对中国特色社会主义的道路自信、理论自信、制度自信。党的十八大报告科学概括："中国特色社会主义道路，就是在中国共产党领导下，立足基本国情，以经济建设为中心，坚持四项基本原则，坚持改革开放，解放和发展社会生产力，建设社会主义市场经济、社会主义民主政治、社会主义先进文化、社会主义和谐社会、社会主义生态文明，促进人的全面发展，逐步实现全体人民共同富裕，建设富强民主文明和谐的社会主义现代化国家。"中国特色社会主义是当代中国发展进步的旗帜，是全党全国各族人民团结奋斗、凝聚力量的旗帜。旗帜就是方向，旗帜凝聚力量，旗帜开启了征程，旗帜就是道路。十八大报告明确指出："道路关乎党的命脉，关乎国家前途、民族命运、人民幸福。"中国共产党领导的中国特色社会主义道路是历史和人民的选择，是中华民族摆脱百年耻辱，坚持独立自主，以巨大牺牲、艰苦奋斗和勤劳智慧探索出的一条走向民族复兴、国家富强、人民幸福的伟大道路。走向这条道路，来之不易；而走好这条道路，作为最基本的前提就是面向未来，深入贯彻落实科学发展观，必须把科学发展观贯彻到我国现代化建设全过程、体现到党的建设各方面。全党必须更加自觉地把推动经济社会发展作为深入贯彻落实科学发展观的第一要义，更加自觉地把以人为本作为深入贯彻落实科学发展观的核心立场，更加自觉地把全面协调可持续作为深入贯彻落实科学发展观的基本要求，更加自觉地把统筹兼顾作为深入贯彻落实科学发展观的根本方法。

十八大突出强调要继续推进"改革开放"。改革开放是新时期最显著的特征，三十多年的改革开放取得了举世瞩目的成就。一些人可能满足于已有的成果，缺乏进一步推进改革开放的动力；另有一些人畏惧于进一步深化改革无可回避的"硬骨头"，止步不前，被人们称为患上了"改革疲劳症"。胡锦涛强调，解放思想、实事求是、与时俱进、求真务实，是科学发展观最鲜明的精神实质。实践发展永无止境，认识真理永无止境，理论创新永无止境。全党一定要勇于实践、勇于变革、勇于创新，把握时代发展要求，顺应人民共同愿望，不懈探索和把握中国特色社会主义规律，永葆党的生机活力，永葆国家发展动力，在党和人民创造性实践中奋力开拓中国特色社会主义更为广阔的发展前景。贯彻落实党的十八大精神，仍需发扬邓小平当年在南方谈话中倡导的"敢冒敢闯"精神，不断把改革开放推向前进。

"凝聚力量，攻坚克难"，是党的十八大主题的精神主旨。由于改革开放以来，我国经济社会发展取得举世瞩目的成就，部分党员干部出现骄傲自满、贪图享乐的情绪；不同利益群体在利益诉求上不尽一致，其间有时矛盾还相当尖锐，乃至引发"群体性事件"。同时，在前进中我们面临不少难题。党的十八大报告坦承："发展中不平衡、不协调、不可持续问题仍然突出，制约科学发展的体制机制障碍较多，城乡区域发展差距和居民收入分配差距依然较大，一些基层党组织软弱涣散，一些领域消极腐败现象易发多发，反腐败斗争形势依然严峻。"党的十八大报告把"精神懈怠危险"列入我们面临的"四大危险"之首，这是很值得警惕的。面对这种情势，我们特别需要振奋精神，昂扬斗志，万众一心，团结奋斗。把"凝聚力量，攻坚克难"写入党的十八大主题，既是现实需要，也是我们党无所畏惧的彻底唯物主义精神的体现，是对正在进行的改革开放和社会主义现代化建设事业充满必胜信心的体现。

十八大主题中突出强调了"全面建成小康社会"的目标任务。为确保实现党在十六大提出的2020年我国全面建成小康社会的宏伟目标，党的十八大之后的几年正是处于最后冲刺的决定性时期，与时俱进地把"全面建成小康社会而奋斗"写入党的十八大主题，是再自然不过的。为全面建成小康社会而奋斗，就是要强调，全面建成小康社会已进入决战阶段，我们必须毫不动摇地按照党的十六大、十七大、十八大的部署，抓紧工作，抓紧落实，在未来5年为到2020年如期实现全面建成小康社会目标打下具有决定性意义的基础。

第三节 "中国道路"实现"中国梦"

"中国梦"是在2012年11月29日，中共中央总书记习近平带领新一届中央领导集体参观中国国家博物馆"复兴之路"展览时提出的。2013年3月17日，全国第十二届全国人民代表大会第一次会议闭幕，习近平当选新一届国家主席。习近平在十二届全国人大一次会议闭幕式上的讲话，核心思想就是实现"中国梦"的问题。

习近平指出，每个人都有理想和追求，都有自己的梦想。现在，大家都在讨论"中国梦"，我以为，实现中华民族伟大复兴，就是中华民族近代以来最伟大的梦想。这个梦想，凝聚了几代中国人的夙愿，体现了中华民族和中国人民的整体利益，是每一个中华儿女的共同期盼。

这一时代解读，既饱含着对近代以来中国历史的深刻洞悉，又彰显了全国各族人民的共同愿望和宏伟愿景，为党带领人民开创未来指明了前进方向。"中国梦"深刻道出了中国近代以来历史发展的主题主线，深情地描绘了近代以来中华民族生生不息、不断求索、不懈奋斗的历史。"中国梦"，也是每个人的梦！

一、中国共产党对"中国梦"的认识过程

（一）中共二大：消除内乱，统一中国，达到中华民族完全独立

1921年中国共产党成立时，中国正处于内部军阀连年混

战、外受列强瓜分宰割、一盘散沙的局面。1922年7月，中共二大通过了《中国共产党第二次全国代表大会宣言》，制定了党的最高纲领和最低纲领，最低纲领是：消除内乱，打倒军阀，建设国内和平，推翻国际帝国主义的压迫，达到中华民族完全独立，统一中国为真正的民主共和国。

（二）毛泽东：独立、自由、民主、统一、富强的新中国，实现工业化、现代化，"两步走"

建设独立、自由、民主、统一、富强的新中国。1940年1月9日，毛泽东在陕甘宁边区文化协会第一次代表大会上讲话指出，"我们不但要把一个政治上受压迫、经济上受剥削的中国，变为一个政治上自由和经济上繁荣的中国，而且要把一个被旧文化统治因而愚昧落后的中国，变为一个被新文化统治因而文明先进的中国。"

1945年4月23日，毛泽东在七大的开幕词中指出，"我们的任务是什么呢？我们的任务不是别的，就是放手发动群众，壮大人民力量，团结全国一切可能团结的力量，在我们党领导之下，为着打败日本侵略者，建设一个光明的新中国，建设一个独立的、自由的、民主的、统一的、富强的新中国而奋斗。""这就是我们全党的任务，这就是全中国人民的任务。"

实现工业化、现代化。现代化是西方工业革命开始以来世界范围内经历的社会诸领域的深刻的变革过程，以工业化、城市化等为重要标志，是传统社会向现代社会转变的历史过程。

1944年5月22日，毛泽东在中共中央办公厅为陕甘宁边区工厂厂长及职工代表会议举行的招待会上就指出，"要打倒日本帝国主义，必需有工业；要中国的民族独立有巩固的保障，就必需工业化。我们共产党是要努力于中国的工业化的。""中国落后的原因，主要的是没有新式工业。日本帝国主义为什么敢于这样地欺负中国，就是因为中国没有强大的工业，它欺侮我们的落后。因此，消灭这种落后，是我们全民族的任务。老百姓拥护共产党，是因为我们代表了民族与人民的要求。但是，如果我们不能解决经济问题，如果我们不能建立新式工业，如果我们不能发展生产力，老百姓就不一定拥护我们。"

1945年4月24日，毛泽东在七大的政治报告《论联合政府》中指出，"在新民主主义的政治条件获得之后，中国人民及其政府必须采取切实的步骤，在若干年内逐步地建立重工业和轻工业，使中国由农业国变为工业国。新民主主义的国家，如无巩固的经济作它的基础，如无进步的比较现时发达得多的农业，如无大规模的在全国经济比重上占极大优势的工业以及与此相适应的交通、贸易、金融等事业作它的基础，是不能巩固的。""中国工人阶级的任务，不但是为着建立新民主主义的国家而斗争，而且是为着中国的工业化和农业近代化而斗争。"1954年10月18日，毛泽东在国防委员会第一次会议上说，"我们现在工业、农业、文化、军事还都不行，帝国主义估量你只有那么一点东西，就来欺负我们。"1956年，党的八大提出，有计划地发展国民经济，尽可能迅速地实现国家工业化，有系统、有步骤地进行国民经济的技术改造，使中国具有强大的现代化的工业、现代化的农业、现代化的交通运输业和现代化的国防。

"两步走"：1980年建成独立的比较完整的工业体系和国民经济体系，20世纪内实现四个现代化。面对极端落后的工业基础，1954年6月14日，在中央人民政府委员会第三十次会议上，毛泽东这样感慨，"现在我们能造什么？能造桌子椅子，能造茶碗茶壶，能种粮食，还能磨成面粉，还能造纸，但是，一辆汽车、一架飞机、一辆坦克、一辆拖拉机都不能造。"1956年底，"一五"计划提前完成，我国建立了社会主义工业化的初步基础。

1955年3月21日，在中国共产党全国代表会议上的开幕词中，毛泽东指出，"我们可能经过三个五年计划建成社会主义社会，但要建成为一个强大的高度社会主义工业化的国家，就需要有几十年的艰苦努力，比如说，要有五十年的时间，即本世纪的整个下半世纪。"也就是，到1970年建成社会主义社会，到2000年实现高度工业化。

1963年9月，中央工作会议在制定国民经济长远规划时，根据毛泽东的意见提出：第一步，建立一个独立的、比较完整的工业体系和国民经济体系，使我国工业大体接近世界先进水平；第二步，使我国工业走在世界前列，全面实现农业、工业、国防和科学技术的现代化。1964年12月，周恩来在第三届全国人民代表大会上宣布了这个设想，但没有明确时间。

1975年1月，周恩来在第四届全国人民代表大会上的政府工作报告中，完整地阐述了"两步走"：遵照毛主席的指示，我国国民经济的发展，可以按两步来设想。第一步，用十五年时间，即在1980年以前，建成一个独立的比较完整的工业体系和国民经济体系；第二步，在20世纪内，全面实现农业、工业、国防和科学技术的现代化，使我国国民经济走在世界的前列。

"两步走"设想，是经过长期的反复的研究和不断地修改的，目标、内容、时间等都有改变，但由于建设社会主义经验不足，目标定得过高，时间要求也过急过快，在经济文化都很落后的国家，是不可能实现的，必然要在以后的实践中加以改变。

（三）邓小平："三步走"，21世纪中叶达到中等发达国家水平、基本实现现代化

"文化大革命"结束以后，特别是改革开放以后，邓小平通过对历史经验教训的深刻总结，对国情的重新认识，对国外发展情况的了解，逐渐地形成了新的"三步走"发展战略。邓小平提出的"三步走"，继承和发展了毛泽东的"两步走"，也纠正了毛泽东"两步走"的不切合实际的部分，把目标进一步具体化，把实现现代化的时间推迟到2050年。

1979年12月6日，邓小平在会见日本首相大平正芳时说，"到本世纪末，中国的四个现代化即使达到了某种目标，我们的国民生产总值人均水平也还是很低的。要达到第三世界中比较富裕一点的国家的水平，比如国民生产总值人均一千美元，也还得付出很大的努力。就算达到那样的水平，同西方来比，也还是落后的。所以，我只能说，中国到那时也还是一个小康的状态。"1987年4月30日，邓小平在会见西班牙客人时，全面阐述了实现现代化分三步走的战略构想，"从十一届三中全会开始，我们制定了一系列新的方针政策，实践证明这些方针政策是正确的。但毕竟我们只是开步走。我们原定的目标是，第一步在80年代翻一番。以1980年为基数，当时国民生产总值人均只有250美元，翻一番，达到500美元。第二步是到本世纪末，再翻一番，人均达到1000美元。实现这个目标意味着我们进入小康社会，把贫困的中国变成小康的中国。那时国民生产总值超过一万亿美元，虽然人均数还很低，但是国家的力量有很大增加。我们制定的目标更重要的还是第三步，在下世纪用30年到50年再翻两番，大体上达到人均4000美元。做到这一步，中国就达到中等发达的水平了。"

1987年，党的十三大根据邓小平的构想，正式确定了"三步走"战略。第一步，实现国民生产总值比1980年翻一番，解决人民的温饱问题。第二步，到20世纪末，使国民生产总值再增长一倍，人民生活达到小康水平。第三步，到21世纪中叶，人均国民生产总值达到中等发达国家水平，人民生活比较富裕，基本实现现代化。1989年6月9日，邓小平在接见首都戒严部队军以上干部讲话时指出，"党的十一届三中全会制定的路线、方针、政策，包括我们发展战略的'三部曲'，正确不正确？""我想我们作出的不是一个'左'的判断，制定的也不是一个过急的目标。""应当说，我们所制定的战略目标，现在至少不能说是失败的。在61年后，一个15亿人口的国家，达到中等发达国家的水平，是了不起的事情。实现这样一个目标，应该是能够做到的。"

（四）江泽民："小三步"，21世纪头20年全面建设小康社会、基本实现工业化

"三步走"的第三步，用50年时间实现现代化，只是一个大致的构想。1989年6月16日，邓小平在谈到第三代领导集体的当务之急时就说，"我建议组织一个班子，研究下一个世纪前50年的发展战略和规划。"

党的十五大把第三步进一步具体化，分2010、2020、2050三个阶段，逐步实现现代化，明确提出了"小三步"：21世纪的第一个十年实现国民生产总值比2000年翻一番，人民的小康

生活更加宽裕，形成比较完善的社会主义市场经济体制；到建党一百年时，国民经济更加发展，各项制度更加完善；到21世纪中叶建国一百年时，基本实现现代化，建成富强民主文明的社会主义国家。

2002年，江泽民在党的十六大报告中提出，21世纪头20年，基本实现工业化，加快建设现代化，大力推进信息化；有条件的地方可以发展得更快一些，在全面建设小康社会的基础上，率先基本实现现代化；并提出了"新型工业化"概念，并指出，实现工业化仍然是我国现代化进程中艰巨的历史性任务，信息化是加快实现工业化和现代化的必然选择，坚持以信息化带动工业化，以工业化促进信息化，走出一条科技含量高、经济效益好、资源消耗低、环境污染少、人力资源优势得到充分发挥的新型工业化路子。

（五）胡锦涛：工业化、城镇化、农业现代化"三化同步"，到2020年全面建成小康社会

胡锦涛在十七大报告中提出，到2020年，转变发展方式取得重大进展，在优化结构、提高效益、降低消耗、保护环境的基础上，实现人均国内生产总值比2000年翻两番；自主创新能力显著提高，科技进步对经济增长的贡献率大幅上升，进入创新型国家行列；居民消费率稳步提高，形成消费、投资、出口协调拉动的增长格局；城乡、区域协调互动发展机制和主体功能区布局基本形成；社会主义新农村建设取得重大进展，城镇人口比重明显增加。我们国家将成为工业化基本实现、综合国力显著增强、国内市场总体规模位居世界前列的国家，成为人民富裕程度普遍提高、生活质量明显改善、生态环境良好的国家。

工业化、城镇化和农业现代化是人类文明进步的重要标志，是现代化建设的基本内容。党的十七届五中全会明确提出，在工业化、城镇化深入发展中同步推进农业现代化。

在十八大报告中，胡锦涛提出，到2020年，实现国内生产总值和城乡居民人均收入比2010年翻一番；信息化水平大幅提升，城镇化质量明显提高，农业现代化和社会主义新农村建设成效显著；人民生活水平全面提高，基本公共服务均等化总体实现，进入人才强国和人力资源强国行列。加大对农村和中西部地区扶持力度，支持这些地区加快改革开放、增强发展能力、改善人民生活。鼓励有条件的地方在现代化建设中继续走在前列，为全国改革发展作出更大贡献。

（六）习近平：实现中华民族伟大复兴的"中国梦"是全国各族人民的共同理想，中国特色社会主义是实现"中国梦"的正确道路

2012年11月15日，在十八届中央政治局常委同中外记者见面时，习近平说，"我们的责任，就是要团结带领全党全国各族人民，接过历史的接力棒，继续为实现中华民族伟大复兴而努力奋斗，使中华民族更加坚强有力地自立于世界民族之林。"

2012年11月29日，习近平和中央政治局常委在国家博物馆参观《复兴之路》展览时指出，"实现中华民族伟大复兴，就是中华民族近代以来最伟大的梦想。这个梦想，凝聚了几代中国人的夙愿，体现了中华民族和中国人民的整体利益，是每一个中华儿女的共同期盼。历史告诉我们，每个人的前途命运都与国家和民族的前途命运紧密相连。国家好，民族好，大家才会好。实现中华民族伟大复兴是一项光荣而艰巨的事业，需要一代又一代中国人共同为之努力。空谈误国，实干兴邦。"

2013年3月17日，习近平在第十二届全国人民代表大会第一次会议上讲话指出，"实现全面建成小康社会、建成富强民主文明和谐的社会主义现代化国家的奋斗目标，实现中华民族伟大复兴的"中国梦",就是要实现国家富强、民族振兴、人民幸福。"既深深体现了今天中国人的理想,也深深反映了我们先人们不懈追求进步的光荣传统。

2013年5月4日,习近平在同各界优秀青年代表座谈时讲话指出,"中国梦"是全国各族人民的共同理想,中国特色社会主义是当代中国发展进步的根本方向,是我们党带领人民历经千辛万苦找到的实现"中国梦"的正确道路。

二、实现"中国梦"必须坚定不移地走"中国道路"

"中国梦"归根到底是人民的梦,实现"中国梦"必须走"中国道路"、弘扬中国精神、凝聚中国力量。

习近平在讲话中多次提到"中国梦",他认为实现"中国梦"必须走"中国道路",这就是中国特色社会主义道路。中国特色社会主义道路是在改革开放30多年的伟大实践中走出来的,是在中华人民共和国成立60多年的持续探索中走出来的,是在对近代以来170多年中华民族发展历程的深刻总结中走出来的,是在对中华民族5000多年悠久文明的传承中走出来的。

中华民族是具有非凡创造力的民族，我们创造了伟大的中华文明，我们也能够继续拓展和走好适合中国国情的发展道路。

实现"中国梦"同时还必须弘扬中国精神。这就是以爱国主义为核心的民族精神和以改革创新为核心的时代精神。这种精神是凝心聚力的兴国之魂、强国之魂。爱国主义始终是把中华民族坚强团结在一起的精神力量，改革创新始终是鞭策我们在改革开放中与时俱进的精神力量。全国各族人民一定要弘扬伟大的民族精神和时代精神，不断增强团结一心的精神纽带、自强不息的精神动力，永远朝气蓬勃迈向未来。

实现"中国梦"还必须凝聚中国力量。这就是中国各族人民大团结的力量。"中国梦"是民族的梦，也是每个中国人的梦。只要我们紧密团结，万众一心，为实现共同梦想而奋斗，实现梦想的力量就无比强大，我们每个人为实现自己梦想的努力就拥有广阔的空间。

习近平还提到了三个共享——共同享有人生出彩的机会，共同享有梦想成真的机会，共同享有同祖国和时代一起成长与进步的机会，他深刻指出"中国梦"归根到底是人民的梦，必须紧紧依靠人民来实现，必须不断为人民造福。

（一）坚定走"中国道路"实现"中国梦"的理想信念

"中国梦"是全国各族人民的共同理想，中国特色社会主义是我们党带领人民历经千辛万苦找到的实现"中国梦"的正确道路。

对马克思主义的信仰，对社会主义和共产主义的信念，是共产党人的政治灵魂，是共产党人经受住任何考验的精神支柱。坚定理想信念，坚守共产党人精神追求，始终是共产党人安身立命的根本。理想信念就是共产党人精神上的"钙"。1985年3月7日，邓小平在全国科技工作会议上讲话时指出，"教育全国人民做到有理想、有道德、有文化、有纪律。这四条里面，理想和纪律特别重要。我们一定要经常教育我们的人民，尤其是我们的青年，要有理想。为什么我们过去能在非常困难的情况下奋斗出来，战胜千难万险使革命胜利呢？就是因为我们有理想，有马克思主义信念，有共产主义信念。我们干的是社会主义事业，最终目的是实现共产主义。这一点，我希望宣传方面任何时候都不要忽略。"

我们已经确定了今后的奋斗目标，这就是到中国共产党成立100年时全面建成小康社会，到新中国成立100年时建成富强民主文明和谐的社会主义现代化国家，努力实现中华民族伟大复兴的"中国梦"。为实现中华民族伟大复兴的"中国梦"，一定要坚持"中国道路"、弘扬中国精神、凝聚中国力量，万众一心，众志成城，不懈奋斗。

习近平主席在第十二届全国人民代表大会第一次会议上的深刻阐释，无疑道出了当代中国最耀眼的时代主题。

"中国道路"，一头连接着国情，一头连接着理想。人们对道路的探索和选择，不会是随意而为，道路更不会凭空而来。它承载着过去，也标示着未来。"中国道路"反映了中国人现实的共同利益，也凝聚着中国人的共同理想和目标。这就是"中国梦"。

"中国道路"是什么？就是中国特色社会主义道路，就是具有实践特色、理论特色、民族特色、时代特色的社会主义道路。从形态构成讲，它是实现途径、理论指导和制度保证三种形态在实践中的有机统一。从宏观规定讲，"中国道路"的形成和发展，有其总依据、总布局和总任务。从基本要求讲，"中国道路"有八个方面必须坚持的内容。从实践领域讲，"中国道路"是一个体系，由各个领域和不同方面、不同层面的若干具体道路组成。

"中国道路"的开创和发展，直接源于改革开放新时期的实践和理论创新。如果不准确把握社会主义初级阶段这个最大国情，如果不推进改革开放这个伟大实践，如果不奔向社会主义现代化这个根本目标，就不可能有"中国道路"。"中国道路"有其明确的实践基础，即我们常说的"改革开放"；有其明确的主题内涵，即我们常说的"什么是社会主义，怎样建设社会主义"；有其明确的开创发展过程，即在20世纪70年代末开始的"成功开创"、两个世纪之交的"成功推进"和新世纪新阶段的"成功坚持和发展"。

"中国道路"是近代以来拯救和发展中国的先进道路逐步演进的历史成果。开创"中国道路"之前，历史不会是一片空白，道路总会有"源头"征兆。说"中国道路"其来有自，是指它有着历史的承续和承载，是在前人探索的道路基础上开创出来的。党的十五大把孙中山、毛泽东、邓小平并列为20世纪中国的三位伟人，他们的特殊贡献，恰恰在于分别在各自不同的历史条件下，为拯救和发展中国，卓有成效地实践和探索了先进道路。从三民主义道路到新民主主义道路，从新民主主义道路到社会主义道路，从实践探索适合中国国情的社会主义建设道路到开创中国特色社会主义道路，三位伟人都是从前一代人那里汲取了经验智慧，并且看到了前一条道路的不足，而后创新发展，实现历史性的飞跃。说"中国道路"是几代人"奋斗、创造和积累的根本成就"，真实含义即在于此。

"中国道路"奠基于从新中国成立到改革开放前这段时间对社会主义建设道路的实践探索。离开创"中国道路"时间最近、关系最密、影响最大的，是从新中国成立到改革开放这段时间，我们党对社会主义建设道路的实践探索。改革开放前后两个30年左右的历史时期，当然不能混为一谈。在探索道路的方式和具体政策上，在工作中心和实际工作内容上，改革开放前和改革开放后，有很大差别。改革开放前对社会主义的实践和探索，开始是照搬苏联模式，带来很多问题，邓小平说："我们很早就发现了，但没有解决好。""没有解决好"，根本说来是指还没有形成一条正确的道路。但是，不管经历了怎样的曲折，从新中国成立到改革开放前的探索实践，对"中国道路"来说，不是一种可有可无的承续和承载。对此，十八大报告提出，毛泽东那一代人为"中国道路""奠定了根本政治前提和制度基础"，"提供了宝贵经验、理论准备、物质基础"。

什么是"根本政治前提和制度基础"？主要指新民主主义革命的胜利，中华人民共和国的创建，社会主义制度的确立。"理论准备"有哪些？不仅包括实事求是、群众路线和独立自主这些毛泽东思想活的灵魂，还有对一穷二白的中国，社会主义还处于不发达阶段，把国家建设好大概要100年这个最大国情和历史方位的认识；对社会主义社会的基本矛盾和主要矛盾的判断；把党和国家的工作重点转到技术革命和社会主义建设上来，"是一个伟大的革命"的论述；"四个现代化"发展战略目标的提出；遵循价值规律，发展商品经济和做好综合平衡的要求；农业为基础，工业为主导，正确处理农业、轻工业和重工业关系的主张；正确区分和处理敌我矛盾和人民内部矛盾的学说；提倡"百花齐放，百家争鸣"的文化方针等。关于"物质基础"，则包括建立了独立、较完整的工业体系和国民经济体系，和"两弹一星"等各方面的建设成就。以上，都属于十八大报告说的"党在社会主义建设中取得的独创性理论成果和巨大成就"。至于"宝贵经验"，既包括社会主义建设实践中积累的许多正确有效的做法，也包括"文化大革命"那样的严重错误经验。这些，都是从实践到理论、从物质到精神不同方面，为"中国道路"的开创积累了必不可少的直接有用的资源。

关于从改革开放前到改革开放后的历史演进特点，邓小平在1980年主持起草党的第二个历史决议时，说得很清楚："从许多方面来说，现在我们还是把毛泽东已经提出、但是没有做的事情做起来，把他反对错了的改正过来，把他没有做好的事情做好。今后相当长的时期，还是做这件事。当然，我们也有发展，而且还要继续发展。"这几层意思具体地说明，20世纪70年代末的中国共产党人，在开创"中国道路"的过程中，并不是随心所欲地在他们选定的历史条件下进行创新，而是在他们直接碰到的，由毛泽东那一代人奠定的基础上开始开创"中国道路"的。

"中国道路"的本质灵魂是对科学社会主义基本原则的继承和发展。没有主义，或者这个主义不科学，道路就没有灵魂。"中国道路"，是马克思主义的科学理论同中国实际和时代特征相结合的产物。说"中国道路"其来有自，很重要的一点，是因为它的本质属性和基本原则有其思想来源，有其传承的"道统"。

　　社会主义思潮诞生以来，人们对它的实践探索，经历了好几个时间段。其中的"道"，就是内容逻辑，主要指科学社会主义的基本原则；所谓"统"，就是历史发展过程，主要指科学社会主义在马克思主义、列宁主义和毛泽东思想这几个阶段的形成发展和具体化。正是从"道统"的角度，我们党一直强调，"中国道路"的理论体系，即邓小平理论、"三个代表"重要思想、科学发展观，和马克思列宁主义、毛泽东思想，既一脉相承，又是与时俱进的发展。毛泽东曾经说过，中国共产党的成立，"中国就改变了方向"。改变了方向，是因为树立了社会主义这个新方向。"中国道路"，就是沿着社会主义这个新方向不断前进的结果。从实践探索符合中国国情的社会主义道路，到形成中国特色社会主义道路的历史飞跃中，坚持科学社会主义基本原则没有变。改革开放不是对改革开放前的历史推倒重来，而是一个辩证发展、螺旋式上升的过程，是在回答"什么是社会主义，怎样建设社会主义"这个根本问题上，认识更清楚了，而且越来越清楚，实践上更有成效了，而且成效越来越明显。不论"中国道路"怎么发展，都是更好地做到科学社会主义理论逻辑和中国社会发展历史逻辑的辩证统一。

"中国道路"到哪里去？拥抱"中国梦"！"中国道路"是全面建成小康社会、加快推进社会主义现代化、实现中华民族伟大复兴的必由之路。历史是一条通道，现实由此而来。弄清楚"中国道路"从哪里来，正确理解"中国道路"的"前世今生"和历史逻辑，不仅有益于我们正确把握"中国道路"形成和发展规律，更让人明白，它始终是承载着"中国梦"前进的。因为"中国梦"既深深体现了今天中国人的理想，也深深反映了近代以来不懈奋斗的中国人追求进步的光荣传统。

什么是"中国梦"？从根本上说来，"中国梦"就是实现国家富强，民族振兴，人民幸福。具体说来，"中国梦"就是现代化之梦，社会主义之梦，民族复兴之梦。这三个含义，在十八大报告中表述得很清楚。"中国道路"的总任务是："实现社会主义现代化和中华民族的伟大复兴"；"中国道路"的现状是：已经"不可逆转地开启了中华民族不断发展壮大、走向伟大复兴的历史进军"。"中国道路"的前景是："促进人的全面发展、逐步实现全体人民的共同富裕，建设富强民主文明和谐的社会主义现代化国家。"在"中国梦"的三种含义里，现代化是形态，社会主义是灵魂，民族复兴是主体。

为了寻梦，就必须寻路。"中国道路"一直连接着"中国梦"，"中国梦"本就是"中国道路"的题中应有之义。"中国梦"是近代中国积贫积弱的处境刺激出来的。没有衰落的低谷，就没有在沉沦中崛起的梦想。负责任地构想未来，必然解决走什么路，才可能接近和实现梦想的问题。在更多的情况下，梦想未来、提出目标比较容易，选择走什么路反倒艰难万分，往往要经过曲曲折折的实践探索，才可能找到一条正确的道路。反过来说，道路总是承载着信仰，没有崇高信仰的道路，很容易滑向机会主义，终难走出一片光明的天地。一个简单的逻辑是："梦"不同，"路"必不同；"路"不同，"梦"亦将不同。只有"路"和"梦"的紧密结合，才会使"梦"深刻地承载历史，让"路"正确地对接未来。说"中国道路"寄托着近代以来无数仁人志士的夙愿和期盼，承载着几代中国共产党人的理想和探索，就是这个意思。

在探索积累和开创发展"中国道路"的过程中，始终贯穿着对现代化之梦、社会主义之梦、民族复兴之梦的追求。

中国革命的先行者孙中山第一个提出了"振兴中华"的目标，为了实现这个梦想，他找到的是民族主义、民主主义和民生主义道路。其中，民族独立是民族复兴的前提，民主主义则是现代化的基本诉求，节制资本、平均地权，以求"均富"的民生主义，很接近社会主义理想。毛泽东确立的新民主主义道路，目标之一是民族独立、人民解放，"为了使国家复兴"，让"中国人从此站立起来"，这是民族复兴的根本政治前提；目标之二，就是他说的，"我们搞政治、军事仅仅是为着解放生产力"，进而使中国由落后的农业国变成先进的工业国，这是民族复兴在现代化方面的体现；目标之三，是大家都熟悉的，走新民主主义道路，是替社会主义创造前提，前途是走向社会主义，这是民族复兴的灵魂。

确立社会主义制度后，毛泽东再次探索道路问题，他提出对马克思主义与中国实际，"我们要进行第二次结合，找出在中国进行社会主义革命和建设的正确道路"。对这条道路的目标，毛泽东设想的精要是，让社会主义中国"变成一个大强国而又使人可亲"；实现工业、农业、科学文化和国防的现代化，从不发达的社会主义过渡到比较发达的社会主义；民族复兴也不光是自己站起来，强起来，到21世纪后，"中国应当对于人类有较大的贡献"。

进入新时期，邓小平开创"中国道路"，一开始就明确，通过改革开放之路，目的是"走出一条中国式的现代化道路"。1984年，他确切地讲，"总的来说，这条道路叫作建设有中国特色的社会主义的道路"。1987年，他又解释说，"只讲四化，不讲社会主义。这就忘记了事物的本质，也就离开了中国的发展道路。"1990年，他再次明白告诉人们："我们集中力量搞四个现代化，着眼于振兴中华民族。"可见，在"中国道路"的开创过程中，"中国梦"里的现代化、社会主义、民族复兴这三个内涵，一开始就是不能割裂的。

正像人们熟知的那样，到十五大，我们党正式把"中国道路"同"实现中华民族的伟大复兴"这个概念对接起来。十六大以后，我们党进一步把"中国道路"的社会主义之"梦"，从此前的"富强民主文明"扩展描述为"富强民主文明和谐"。

（二）发展是硬道理

"中国梦"是历史的、现实的，也是未来的。"中国梦"凝结着无数仁人志士的不懈努力，承载着全体中华儿女的共同向往，昭示着国家富强、民族振兴、人民幸福的美好前景。

我国的现代化成果最终要以世界发达国家为参照，以人均国民生产总值来计算。在我国底子薄、人口多、耕地少的巨大压力下，要如期实现我们的战略目标，困难是可想而知的。因此，邓小平对我国的经济建设始终怀着一种焦急的紧迫感。二战后，日本用10年时间实现经济复苏，20世纪50到70年代经济高速增长，迅速崛起。韩国、新加坡、香港，20世纪60到70年代经济飞速增长，实现工业化。

在20世纪80到90年代，邓小平利用不同场合和时机，反复宣传、阐释"发展是硬道理"这一思想，如："改革的步子要加快"，"经济不能滑坡"，"世界上一些国家发生问题，从根本上说，都是因为经济上不去，没有饭吃，没有衣穿，工资增长被通货膨胀抵消，生活水平下降，长期过紧日子。如果经济发展老是停留在低速度，生活水平就很难提高。人民现在为什么拥护我们？就是这十年有发展，发展很明显"，"过去我们比上不足、比下有余，现在比下也有问题了。东南亚一些国家兴致很高,有可能走到我们前面","不改革开放,不发展经济,不改善人民生活,只能是死路一条","抓住时机,发展自己,关键是发展经济","低速度就等于停步,甚至等于后退。要抓住机会,现在就是好机会。我就担心丧失机会。不抓呀,看到的机会就丢掉了,时间一晃就过去了","我国的经济发展,总要力争隔几年上一个台阶","广东,要上几个台阶,力争用二十年的时间赶上亚洲'四小龙'","手头东西多了,我们在处理各种矛盾和问题时就立于主动地位","我们的国家一定要发展,不发展就会受人欺负,发展才是硬道理。"

（三）实干兴邦

"中国梦"是国家的、民族的,也是每一个中国人的。国家好、民族好,每一个中国人才会好。只有每个人都为美好梦想而奋斗,才能汇聚起实现"中国梦"的磅礴力量。

反对空谈、强调实干、注重落实,是我们党的一个优良传统。邓小平曾说,"社会主义是干出来的,不干,半点马克思主义也没有。"1992年初,他说,"我们改革开放的成功,不是靠本本,而是靠实践,靠实事求是。""从现在起到下世纪中叶，将是很要紧的时期，我们要埋头苦干。我们肩膀上的担子重，责任大啊！"

2011年，胡锦涛在庆祝党成立90周年大会上讲话指出，"要坚持凭实绩使用干部，让能干事者有机会、干成事者有舞台，不让老实人吃亏，不让投机钻营者得利，让所有优秀干部都能为党和人民贡献力量。"

2011年，习近平在中央党校春季学期开学典礼上作《关键在于落实》的讲话，他说："我们的所有成就，都是干出来的。这里的关键，就是始终注重抓落实。如果落实工作抓得不好，再好的方针、政策、措施也会落空，再伟大的目标任务也实现不了。"2008年，在中央党校春季学期第二批进修班暨师资班开学典礼上，习近平强调，各级党组织要真正使那些老老实实做人、扎扎实实做事、实绩突出的干部得到褒奖和重用；领导干部要有强烈的事业心和高度的责任感，想干事、肯干事、能干事、干成事，为工作尽心尽力、尽职尽责、忘我奉献，真正做到为党和人民的事业鞠躬尽瘁。

"中国梦"诱人，但绝不虚幻。在"中国道路"的探索积累和开创发展过程中，现代化、社会主义和民族复兴，不仅始终作为目标存在，而且始终是具体的，是由一个又一个阶段性目标连接起来的。正是这个意义上，我们说，"中国梦"是国家的、民族的，更是每个人的。比如，关于"中国道路"的现代化之"梦"，围绕"小康"这个阶段性目标，我们先后经历了从解决温饱到小康水平，从小康生活到小康社会，从总体小康到全面小康，从全面建设小康社会到全面建成小康社会，这样一个阶段到又一个阶段的实践行程。以后，我们还要经历从建党一百年时全面建成小康社会，到建国一百年时建成社会主义现代化国家，这"两个一百年"目标的衔接和实践。以上不同的目标概念，语境不同，内涵也不一样，但都反映了"中国梦"所经历的阶段性特征。到实现第二个一百年目标的时候，大体就可以称得上中华民族的伟大复兴了。到那时，已经发展到新的境界的中国，不仅会为维护世界和平、促进世界繁荣作出更大的贡献，"中国道路"也会为人类的共同价值添加更多的资源和标记。

结　　语

跨越"卡夫丁峡谷"问题作为马克思晚年以俄国为典型代表探讨东方社会发展道路而提出的一个科学设想，是对马克思早年创立的唯物史观的进一步补充丰富和发展，尽管已经过去一个多世纪的时间了，但这一理论设想对我们今天的社会主义实践仍具有重要的现实意义。

在这一理论设想的指引下，欧洲的几个落后国家进行了跨越"卡夫丁峡谷"的尝试，但是却因为种种原因，以失败而告终。而"中国道路"则是这一理论设想指导下的成功范例，展示了马克思主义中国化的强大生命力。

"中国道路"的探索过程是艰难而曲折的，自1840年鸦片战争开始，中国的仁人志士的救亡图存一直到中国共产党人经过艰苦卓绝的斗争与求索，终于逐步确立和形成了有中国特色的社会主义道路。"中国道路"本质上是社会主义道路或社会主义发展模式，是跨越"卡夫丁峡谷"的成功范例，体现了人类社会发展规律是"自然史的过程"与特殊条件下的跨越、生产力决定作用与生产关系能动作用和历史活动主体选择的历史逻辑的统一。

更为重要的是，中国特色社会主义道路改变了现代化的"单向趋同"，拓宽了民族国家走向现代化的途径，中国特色社会主义理论体系正确回答了中国跨越"资本主义制度的'卡夫丁峡谷'"后"建设什么样的社会主义，怎样建设社会主义"的主题，在世界现代史上创造了"中国道路"，从理论和实践两个层面丰富了马克思主义关于跨越"资本主义制度的'卡夫丁峡谷'"理论的内容，从而大大深化了对人类社会发展规律、社会主义建设规律和共产党执政规律的认识。